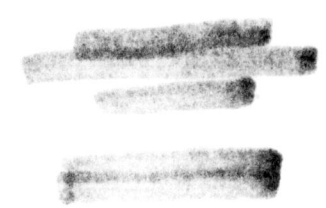

Manfred Josuttis

Gottesliebe
und
Lebenslust

Beziehungsstörungen zwischen
Religion und Sexualität

Gütersloher Verlagshaus

Die Deutsche Bibliothek – CIP-Einheitsaufnahme

Josuttis, Manfred:
Gottesliebe und Lebenslust : Beziehungsstörungen zwischen
Religion und Sexualität / Manfred Josuttis. –
Gütersloh : Gütersloher Verl.-Haus, 1994
ISBN 3-579-02258-X

ISBN 3-579-02258-X
© Gütersloher Verlagshaus, Gütersloh 1994

Umschlaggestaltung: HTG Werbeagentur, Bielefeld, unter Verwendung von:
Hieronymus Bosch,»Der Garten der Lüste« im Ausschnitt,
Archiv für Kunst und Geschichte, Berlin
Satz: Weserdruckerei Rolf Oesselmann GmbH, Stolzenau
Druck und Bindung: Clausen & Bosse, Leck
Printed in Germany

Inhalt

Nach der Orgie

Wollte man den gegenwärtigen Stand der Dinge benennen, so würde ich sagen, wir befinden uns nach der Orgie. Die Orgie ist der explosive Augenblick der Moderne, der Augenblick der Befreiung in allen Bereichen. Politische Befreiung, sexuelle Befreiung, Entfesselung der Produktivkräfte, Entfesselung der destruktiven Kräfte, Befreiung der Frau, des Kindes, der unbewußten Triebkräfte, Befreiung der Kunst. Hochjubeln aller Repräsentations- und Antirepräsentationsmodelle. Es war eine totale Orgie des Realen, des Rationalen, des Sexuellen, des Kritischen und Antikritischen, des Wachstums und der Wachstumskrise. Wir sind alle Wege der Produktion und virtuellen Überproduktion der Objekte, der Zeichen, Botschaften, Ideologien und Vergnügungen gegangen. Heute ist alles befreit, das Spiel ist gespielt, und wir stehen gemeinsam vor der entscheidenden Frage: *Was tun nach der Orgie?*« (J. Baudrillard, Transparenz des Bösen, Berlin 1992, S. 9).

Mit diesen Worten des französischen Sozialphilosophen Jean Baudrillard sind Verlegenheiten und Aufgaben des letzten Jahrzehnts in diesem Jahrtausend präzise beschrieben. In den 70er Jahren hat der »Erfahrungshunger« (G. Rutschky) Menschen dazu geführt, neue empirische Ansätze in den Wissenschaften, aber auch neue Konstellationen in den zwischenmenschlichen Beziehungen zu entwickeln. In den 80er Jahren war der »Marsch durch die Institutionen« für viele, die mit der Ehe experimentiert haben, mit Erfahrungen des Scheiterns verbunden. Jetzt, nach der Orgie, steht nicht mehr die Kritik an alten, erstarrten Ordnungen auf dem Programm, sondern die Konstruktion neuer, tragfähiger Lebensstrukturen, auch und gerade im Umgang mit der zentralen Lebenskraft der Sexualität.

Hat die Kirche Menschen, die in »Das ganz normale Chaos der Liebe« (U. Beck/E. Beck-Gernsheim) geraten sind, weil sie Liebe als Nachreligion praktizieren, etwas Wesentliches zu sagen? Die folgenden Überlegungen gründen in der Gewißheit, daß das in einem bisher noch gar nicht erkannten Ausmaß der Fall ist. Wenn die Kirche den ihr anvertrauten Beitrag zur Gestaltung zwischenmenschlicher Beziehungskultur wirklich leisten will, dann setzt das freilich voraus, daß sie bestimmte Engführungen in der Wahrnehmung von Sexualität überwindet, daß sie sich von einzelnen traditionellen Einstellungen trennt und andere, ihr ebenso eigentümliche Überlieferungen neu entdeckt. Die »Orgie«, die zwischenzeitlich versucht worden ist, war emanzipatorisch gemeinte Reaktion auf eine Tabuisierung des Geschlechtlichen und dementsprechend immer noch von den Ängsten und Zwängen, die zur Tabuisierung geführt hatten, infiltriert. Kirchliche Sexualmoral kann heute nur hilfreich wirken, wenn sie darauf verzichtet, erneut diese Ängste zu mobilisieren und neue Zwänge zu restituieren. Das aber bedeutet auf jeden Fall: Der überkommene, uns selbstverständlich erscheinende Antagonismus zwischen Religiosität und Sexualität, zwischen Gottesliebe und Lebenslust muß überwunden werden.

Wie sehr dieser Antagonismus das kirchliche Denken und Handeln bestimmt, zeigen noch immer die Lehrbücher der Theologie und die Veranstaltungsangebote evangelischer Akademien. Sexualität wird durchweg als Problem der Ethik traktiert, als eine gefährliche Triebkraft, die kanalisiert und kontrolliert werden muß. Für den Glauben besteht zwischen »Eros und Agape« (A. Nygren), zwischen Nächstenliebe und Geschlechtsbegierde eine tiefreichende Kluft. Daß das sexuelle Verlangen in der Schöpfung Gottes zur Weitergabe des Lebens dient, daß die sexuelle Lust Elemente der entgrenzenden Reich-Gottes-Erfahrung enthält, das sind Aspekte, die dem kirchlichen Durchschnittsbewußtsein in Tiefenschichten kaum zugänglich sind.

Deshalb hat man kirchlicherseits in den letzten Jahrzehnten zur Abwehr der »Orgie« und ihrer Folgen auf nicht-religiöse Theorien und Konzepte zurückgreifen müssen. Angesichts der Zunahme offener Beziehungen und des selbstbewußten Auftretens männlicher und weiblicher Homosexueller hat man in der Theologie zur Verteidigung der bürgerlichen Ehe die soziologische Institutions-Theorie sanktioniert. Und um Menschen in ihren Beziehungskrisen beizustehen, hat man kirchliche Beratungsstellen eingerichtet und mit psychologischem wie therapeutischem Fachpersonal ausgestattet. Daß die christliche Religion selbst, jenseits von soziologischen Entwürfen und psychotherapeutischen Methoden, ein ungeheueres Potential zur kreativen Gestaltung auch der Sexualität und der darauf aufbauenden Beziehungsstrukturen bereitstellt, ist bei alledem kaum berücksichtigt worden.

Dieses Buch will die tief fundierte Beziehungsstörung zwischen Religiosität und Sexualität aufheben helfen, indem es sie, soweit das im Medium der Schriftlichkeit überhaupt möglich ist, bewußt macht. Daß in zwei Kapiteln das Pfarrhaus bzw. die Figur des Pfarrers eine wichtige Rolle spielt, ist kein Zufall; denn mehr als bei privaten Meinungen, wie sie in theologischen Veröffentlichungen vorgetragen werden, zeigt sich an der Gestalt der pastoralen Repräsentanten, was in der Kirche erlaubt und was hier verboten ist. Aber kann das Verbot, das für die Menschwerdung von Menschen elementar notwendig ist, heute überhaupt im sexualethischen Zusammenhang artikuliert werden? Das Phänomen der Homosexualität ist, abgesehen von den schwierigen Erfahrungen der davon betroffenen Menschen, auch deswegen aufschlußreich, weil es den kirchlichen Begründungsnotstand bei der Wiederholung alter (Vor-)Urteile aufdeckt und die einseitige Bindung des Protestantismus an das Ehe-Institut fragwürdig macht. Die Konflikte, die auf all diesen Feldern die kirchliche Öffentlichkeit beschäftigen, können freilich auf die Dauer eine fruchtbare Lösung nur finden, wenn der alte Antagonismus zwischen Religiosität und Sexualität überwunden und die fundamentale Zusammengehörigkeit zwischen Gottesliebe und Lebenslust, zwischen der Treue Gottes und der Treue unter den Menschen neu entdeckt wird. Nach der »Orgie« hat der Weg einzelner immer schon in die Mystik geführt.

Deshalb kann diese Einleitung mit Worten schließen, die Jean Baudrillard ohne religiösen Hintergrund am Ende seines Buchs im Blick auf das Objekt als seltsamen Attraktor niedergeschrieben hat: »Es gibt zwei Arten, die Entfremdung hinter sich zu lassen: entweder über Aufhebung der Entfremdung und über Wiederaneignung des Selbst – langweilig, und ohne große Hoffnung heutzutage. Oder über den anderen Pol, den des absolut Anderen, des absoluten Exotismus. Die Alternative liegt im exponentiellen Anderswo, das virtuell als etwas total Exzentrisches definiert wird. Man darf sich mit der Entfremdung nicht abfinden, man muß zum anderen des Anderen durchstoßen, zur radikalen Andersheit. ... Dieser andere verfügt bei seinem Erscheinen auf einen Schlag über all das, was uns nie gegeben sein wird zu wissen. Er ist der Ort unseres Geheimnisses, von all jenem, was in uns nicht mehr zur Ordnung der Wahrheit gehört. Er ist also nicht wie in der Liebe der Ort unserer Ähnlichkeit, noch wie in der Entfremdung der Ort unserer Differenz noch der Idealtyp unserer selbst, noch das versteckte Ideal dessen, was uns fehlt, sondern der Ort dessen, was uns entgeht, wodurch wir uns selbst entgehen. Dieser andere ist nicht der Ort des Begehrens oder der Entfremdung, sondern des Taumels, des Ausbleibens, des Erscheinens und Verschwindens, des Glitzerns des Seins, wenn man das sagen kann (man darf es aber nicht sagen)« (J. Baudrillard, S. 199f.).

Wer könnte dieser andere ein? Der seltsame Attraktor, der faszinierend und verführerisch, aber auch unheimlich und unfaßbar wirkt? Wo kann ich ihm im Lauf meines Lebens begegnen? In den Beziehungen zum anderen Geschlecht? In den Ekstasen der Lust? Oder gar in der Stille des Betens? Nur eins scheint gewiß: »Der Andere ist jener, der mir erlaubt, mich nicht endlos zu wiederholen« (J. Baudrillard, S. 200).

Religion und Sexualität

I.

Das Religiöse und das Geschlechtliche sind die beiden stärksten Lebensmächte. Wer sie für ursprüngliche Widersacher hält, lehrt die ewige Zwiespältigkeit der Seele. Wer sie zu unversöhnlichen Feinden macht, zerreißt das menschliche Herz.«[1] Eben das geschieht bis heute in kirchlichen Kreisen. Religion und Sexualität werden als elementare Antagonismen erlebt. Zwar herrscht an der Oberfläche der theoretischen Äußerungen und der individuellen Lebensführung durchaus Harmonie. Aufgeklärte Theolog/innen, moderne Christ/innen haben, wie zu hören ist, mit dem Sex durchaus keine Probleme mehr. Aber die grundlegenden Spannungen, die darunter liegen, brechen immer wieder hervor. In Seelsorge und Beratung kann man erfahren, wie tief die »Gottesvergiftung«[2] das Lusterleben verdorben hat. In den theologischen Erörterungen wird Sexualität einseitig als ethische Aufgabe und damit potentiell als Gefährdung des Lebens traktiert. Und auch offizielle Verlautbarungen, Erklärungen und Denkschriften sind in vielen Partien vom Denkmuster antagonistischer Konstellationen geprägt.[3] Das spannungsreiche Phänomen Sexualität ist für die menschliche Wahrnehmung in die fundamentalen Spannungsfelder des Lebens eingebettet: in das Gegenüber von Mann und Frau, in die Beziehung zwischen Leib und Seele, in das Verhältnis zwischen dem Ich und den anderen, in die Unterscheidung zwischen Gut und Böse. Für das christliche Erleben kommen aus der kirchlichen Tradition weitere Polaritäten hinzu, die die Spannungen, die zur Sexualität gehören, im Sinne eines Dualismus modifizieren. Geschlechtliches Begehren ist dann mehr Herrschaftsbereich von Sünde als Lebensform in der Schöpfung, mehr Ausdruck egoistischer Triebhaftigkeit als Gestalt zwischenmenschlicher Partnersuche, ist mehr

11

Lebensform eines heidnischen Eros als Praxismöglichkeit christlicher Agape.[4]

Die Zwiespältigkeit zwischen dem Religiösen und dem Geschlechtlichen ist kein spezifisches Erbe der christlichen Tradition. Für einzelne Vertreter der Verhaltensforschung besteht eine Grundfunktion der Religion darin, nach dem teilweisen Ausfall der Instinktsteuerung in der menschlichen Gattung gegenüber den Trieben für eine gemeinschaftserträgliche Sozialgestalt von Sexualität und Aggressivität zu sorgen. Schon in archaischen Kulturen ist Religion deshalb, wie der Ethnologe K.E. Müller gezeigt hat, Instrument zur Zähmung von Sexualität durch soziale Kontrolle und moralische Bewertung. Dahinter stehen archaische Ängste,»daß der geschlechtliche Umgang auf beide Partner, vor allem aber auf den Mann, eine zutiefst verunreinigende Wirkung ausübe und insofern auch eine Bedrohung für beider Gesundheit darstelle. Man riskiert ihn deshalb nur selten, ohne sich nicht durch entsprechende Tabus und Schutzvorkehrungen abzusichern«.[5]

Die Kehrseite dieses Zusammenhangs ist dort anzutreffen, wo Sexualität theoretisch und praktisch als Mittel zur Emanzipation von Religion eingesetzt wird. So hat W. Reich, in der Studentenbewegung wiederentdeckt, die These vertreten,»daß die Sexualunterdrückung eines der kardinalen ideologischen Mittel der herrschenden Klasse zur Unterjochung der werktätigen Bevölkerung ist, und daß die Frage der sexuellen Not der Bevölkerung nur von der Freiheitsbewegung von jeglicher Form von Unterdrückung gelöst werden kann«.[6] Seiner Meinung nach bildet die sexuelle Zwangsmoral die massenpsychologische Basis für jede autoritäre Gesellschaftsordnung.»Die Untertanenstruktur ist ein Gemisch aus sexueller Impotenz, Hilflosigkeit, Anlehnungsbedürftigkeit, Führersehnsucht, Autoritätsfurcht, Lebensängstlichkeit und Mystizismus. Sie kennzeichnet sich durch Neigung zum Rebellentum und durch Hörigkeit gleichzeitig. Die Sexualscheu und Sexualheuchelei bilden den Kern dessen, was man Spießertum nennt. Derartig strukturierte Menschen sind demokratieunfähig.«[7] Befreiung von den Zwängen der repressiven Gesellschaft kann es deshalb nur geben durch Emanzipation von den Fesseln triebfeindlicher Institutionen, zu denen nach Meinung Reichs sicherlich auch die Religion gehört.

In neueren Befragungen begründen Zeitgenossen ihre Distanz zum kirchlichen Leben unter anderem damit, daß das kirchliche Wertesystem sexuelle Freiheit einschränke und den Lebensgenuß behindere.[8] Trotz aller gegenteiligen Versicherungen lebensfreundlicher Kirchenmenschen hat sich im öffentlichen Bewußtsein die Meinung erhalten, daß Religion und Sexualität einen unversöhnlichen Widerspruch bilden, und Publikationen, die diese Anschauung zu belegen versprechen, können noch immer mit einem großen Echo auf dem Büchermarkt rechnen.

Wer diesen Antagonismus verstehen, aber auch andere Beziehungskonstellationen zwischen Religion und Sexualität entdekken will, muß die gängigen Methoden hermeneutischer oder sozialwissenschaftlicher Art hinter sich lassen. Weder die Auslegung historischer Texte noch die Darlegung systematischer Gedankenzusammenhänge noch die Befragung von Bevölkerungsgruppen sind geeignet, um diesem komplexen Gegenstand gerecht zu werden. Erfolgreicher scheinen demgegenüber Verfahren zu sein, die das Beziehungsgeflecht zwischen Religion und Sexualität auf phänomenologische Weise zu klären versuchen.

Religiosität und Sexualität sind Möglichkeiten menschlichen Erlebens, die in Ganzheitlichkeit vonstatten gehen. Das Individuum ist jeweils mit leiblichem Verhalten, seelischem Erleben, geistigen Vorstellungen in das machtvolle Geschehen involviert. Religiosität und Sexualität sind zwar unterschiedliche Erlebnisbereiche, was den sozialen Kontext betrifft. Aber es bestehen, wie zu zeigen sein wird, auch erhebliche Verbindungslinien in allen drei Dimensionen. So hat der amerikanische Sexualhistoriker V.L. Bullough auf den Zusammenhang zwischen sexueller Position und religiösem Weltbild hingewiesen. »Die westliche Kultur basiert im allgemeinen auf der alten Annahme, daß die Erde weiblich ist, die Erdmutter, und der Himmel männlich, der Himmelsvater; diese tiefverwurzelte mythologische Auffassung lieferte die Norm für die sexuellen Beziehungen, wonach der Mann oben, die Frau unten zu liegen hat. Manche Kulturen haben die Erde als männlich und den Himmel als weiblich betrachtet, so daß bei ihnen die Stellung der Frau oben als natürlich akzeptiert ist, während andere wiederum ihre Symbole der Männlichkeit und Weiblichkeit aus anderen Quellen bezogen haben.«[9]

Die Beziehungen zwischen Religion und Sexualität müssen nicht immer so einsichtig sein, wie an diesem Beispiel unterstellt wird. Dennoch wird man auf jeden Fall die rein ethisch-normative Bestimmung im Verhältnis zwischen Religion und Sexualität aufgeben müssen. Religion beeinflußt Sexualität nicht nur als kontrollierendes Gesetz, sondern auch durch die Präsentation von Vorbildern und Welthorizonten. Auf der anderen Seite wirken sexuelle Erlebnisformen und Vorstellungen, wie die Sprache der Mystik schon immer verraten hat, durchaus in die religiöse Praxis hinein. Um das spannungsreiche und spannende Beziehungsgeflecht zwischen Religion und Sexualität zu erhellen, sollen vorrangig diese Verbindungslinien im seelischen Erleben und in den geistigen Vorstellungen betrachtet werden. Nicht nur die Logik der Zwiespältigkeit und Unversöhnlichkeit sollte auf diese Weise verständlich werden, sondern auch der evangelische Sinn eines Satzes aus dem Talmud: »Drei haben etwas vom Jenseits an sich: die Sonne, der Sabbath und der geschlechtliche Verkehr«.[10]

II.

Für menschliches Erleben ist Sexualität eine Hoch-Zeit. Deshalb bleiben alle Beschreibungen, die sexuelle Praxis rein als Funktionsmechanismus verstehen, unzureichend. Gewiß beruht das sexuelle Begehren auf hormonalen Prozessen. Gewiß dient der sexuelle Akt der Erhaltung der Art und der Gene. Gewiß kommt es dabei zum Abbau von Triebspannungen. Und gewiß genießen die Beteiligten den Vorgang als Befriedigung elementarer Bedürfnisse. Aber in all diesen Funktionsabläufen gelingt ganz selbstverständlich die Wahrnehmung eigentümlicher Dimensionen des Lebens. Die Alltagswelt wird verlassen. Augenblicke gesteigerten Daseins, glückhafte Erfüllung stellen sich ein. Auf dem Weg zum Orgasmus erschließen sich dem Organismus neue Bereiche von Realität. Menschliche Geschlechtlichkeit hat eine transzendierende Tendenz. Deshalb ist die Hoch-Zeit der Sexualität in der Religion als heilige Hochzeit gefeiert worden.

Diese Konvergenz zwischen Religion und Sexualität betrifft vor allem das psychische Erleben. »Alles deutet darauf hin, daß der Mensch Gott erfahren hat. Glaube war nie eine Frage des Vertrauens darauf, daß Gott existierte, sondern des Zutrauens in seine ›Präsenz‹, die erfahren wurde und von der man wußte, daß sie existierte als eine in sich gültige Gegebenheit. Wahrscheinlich erfahren weit mehr Leute in unserer Zeit weder die ›Präsenz‹ Gottes noch die ›Präsenz‹ seiner Absenz, sondern die Absenz seiner ›Präsenz‹.«[11] Die überlieferten Beschreibungen derartiger Gotteserfahrungen waren vor allem dadurch realitätsgesättigt, daß sie weitreichende Parallelen zum sexuellen Erleben enthielten. Einige zentrale Gesichtspunkte dieser Konvergenz lassen sich auch heute noch rekonstruieren.

Sexuelles Erleben wie religiöse Erfahrung werden als Vorgänge der Entgrenzung wahrgenommen. Das Individuum tritt aus den Schranken, die mit der Leiblichkeit des Selbst gesetzt sind, heraus, paradoxerweise, nicht nur in der Sexualität, mit Hilfe des eigenen Körpers.

Sexuelles Erleben wie religiöse Erfahrung haben auch darin eine Gemeinsamkeit, daß sie unter bestimmten Voraussetzungen als intensives Machtgeschehen wahrgenommen werden. Die Ergriffenheit, die Überwältigung werden so groß, daß man aus dem Ablauf auch bei angestrengter Willenskraft nicht mehr aussteigen kann. In beiden Bereichen kann die Macht durch faszinierende

Personen repräsentiert werden. Aber sie ist hier wie dort auch mit seelischen Obsessionen und körperlichen Sensationen verbunden. Menschen fühlen sich in einer solchen Situation vom Schicksal erfaßt, von einer jenseitigen Macht getrieben, in der Freiheit ihrer Entscheidung beschränkt.

Sexuelles Erleben wie religiöse Erfahrung streben auf dem Höhepunkt zum vorübergehenden Bewußtseinsverlust. Sie führen in Zustände von Regression, in der die Subjekt-Objekt-Spaltung aufgehoben und die Einheit mit dem All wiederhergestellt ist. Wenn die Angst vor dem Selbstverlust gebannt werden kann, dann tritt man hier wie dort in eine Sphäre reiner Selbstvergessenheit ein.

Sexuelles Erleben wie religiöse Erfahrung sind deshalb Vorgänge mit Erschließungspotenz. Sie führen in Bereiche des Lebens, die dem Alltagsbewußtsein verborgen bleiben. Sie reichen, im stillen Kämmerlein praktiziert, in Welten, die faszinierend, aber auch unheimlich wirken. Beide sind deshalb beliebte Gebiete für die Tätigkeit menschlicher Phantasie.

Es hängt mit der transzendierenden Tendenz von Sexualität zusammen, daß auch in partnerschaftlichen Beziehungen das Feld der dualen Konstellation häufig verlassen wird. Werbung und Unterhaltung bieten überall Animationsobjekte für Tag- und Nachtträume an. Und im sexuellen Akt selbst ist die Entgrenzungsdynamik, die Bewußtseinserweiterung auch dergestalt wirksam, daß in die interpersonale Begegnung fremde Figuren schleichen und ein ganzer Kosmos intimster Beziehungen Wirklichkeit wird. Sexuelles Erleben wie religiöse Erfahrung bieten Möglichkeiten zu einer Vereinigung, die ins Universale tendiert.

Deshalb können in dem personellen Akt der Begegnung die beteiligten Partner nicht nur, wie es heute geschieht, Filmstars und andere attraktive Objekte durch Phantasie integrieren.[12] Es konnten, wie die Religionsgeschichte reichlich belegt, in diesem Vorgang auch Göttergestalten repräsentiert werden. Diese Kombination von sexuellem Erleben und religiösen Vorstellungen war insofern stimmig, als sie der transzendierenden Tendenz dieses

16

Erlebens sehr präzise entsprach. Die Entgrenzungsdynamik wurde durch heilige Geschichten strukturiert, das Machtgeschehen durch heilige Rollen personalisiert, der Bewußtseinsverlust durch den Einbruch der heiligen Welt kompensiert. Aber der Zusammenhang läßt sich auch so formulieren: In der Entgrenzung wurde das Heilige zugänglich. In der Machterfahrung wurde es wirklich. Im Bewußtseinsverlust wurde es zuträglich. Deshalb konnten Menschen in vielen Kulturen durch die Hoch-Zeit ihrer sexuellen Begegnung die Hochzeit der Götter feiern.

III.

In jener Kultur, die sich unter dem Einfluß jüdisch-christlicher Traditionen entwickelt hat, ist Sexualität radikal säkularisiert. Relikte der heiligen Hochzeit tauchen im Wirkungsbereich der Großkirchen höchstens in spiritualisierten Vorstellungsformen bzw. metaphorischen Redefiguren auf.[13] Das sexuelle Erleben geht noch immer – wie könnte es anders sein – mit Erfahrungen der Entgrenzung, der Überwältigung, der schrankenlosen Vereinigung einher. Aber für die Interpretation solcher Erlebnisse stehen religiöse Vorstellungen in der Regel nicht mehr zur Verfügung. Der Horizont, innerhalb dessen der sexuelle Akt wahrgenommen wird, ist rein weltimmanent und besteht in individueller Lust und/oder in partnerschaftlicher Liebe. Die göttlichen Gestalten bleiben den Identifikations- und Inszenierungsbedürfnissen der sexuellen Phantasie dagegen entzogen.

Der biblische Gott ist ein asexueller Mann. Anders als bei den Göttern Kanaans, Griechenlands und des Fernen Ostens manifestiert sich seine Allmacht keinesfalls in sexueller Potenz. Er kommuniziert mit seinen Geschöpfen auf alle erdenkliche Weise, in vielfachen Formen und Figuren, aber nicht im Geschlechtsverkehr. Seine Schöpferkraft ist produktiv-fabrikatorisch ausgerichtet. Jahwe hat den Menschen aus einem Stück Erde gemacht (1.

Mose 2,7). Israel ist wie Ton in des Töpfers Hand (Jeremia 18,6). Biologisch-genetische Aussagen werden bei der Beschreibung zwischen Gott und Mensch überall peinlichst vermieden. Selbst in der Jerusalemer Königsideologie wird der Herrscher nicht als Sohn Gottes geboren, sondern zu dieser Sohnschaft adoptiert (Psalm 2,7). Jahwe liebt sein Volk wie ein Mann seine Verlobte (Hosea 2,21f.). Israels Fremdgötterei weckt bei ihm Gefühle der Eifersucht (5. Mose 32,16). Aber ein direkter sexueller Kontakt zwischen Gott und Mensch ist nirgends berichtet. Wenn Th. Reik im Recht ist und 1. Mose 32,23ff. eine verdeckte Aussage der Kastration des Götter-Vaters enthält[14], dann ist dieses Unternehmen insgesamt sehr erfolgreich gewesen: Eine sexuelle Praxis des biblischen Gottes ist für die Glaubenden unvorstellbar geworden.

Entsprechendes gilt von der Jesus-Figur. Der asexuelle himmlische Vater hat einen asexuellen irdischen Sohn. Zwar soll es in seiner Umgebung anrüchige Frauen gegeben haben (Johannes 8,3ff.); und zu einem seiner Anhänger soll er ein besonderes inniges Verhältnis entwickelt haben (Johannes 13,23 u.ö.). Aber von einer sexuellen Praxis des historischen Jesus wird nichts berichtet. Da ist es nur konsequent, daß das Neue Testament durch die Rezeption des herkömmlichen Motivs der jungfräulichen Geburt alle Vorstellungen über den sexuellen Kontext seiner Genese ausgeschaltet hat. Und als in der Ikonographie der Renaissance das Bild des nackten Jesus eine Zeit lang Aufmerksamkeit gewann, ging es dabei keineswegs um die Darstellung phallischer Potenz. »Die Sexualität Christi wurde in ein nichtsexuelles Symbol der körperlich gewordenen Göttlichkeit verwandelt.«[15] Selbstverständlich hat dieser Drang zur Desexualisierung der göttlichen Gestalten auch das Bild der großen Mutter in der christlichen Tradition geprägt.[16] Wie spannungsgeladen das Verhältnis von Religion und Sexualität für die zeitgenössische Öffentlichkeit noch immer ist, zeigte sich nicht zuletzt in den weltweiten Reaktionen auf Produkte moderner Kunst. Martin Scorsese und Salman Rushdie weckten mit ihren Werken Aggressionen, die in fundamentalistischen Kreisen bis zu Todesdrohungen reichen, weil sie in dem Film »Die letzte Versuchung Christi« bzw. im Roman »Satanische Verse« Sexualphantasien und Sexualpraktiken von Religionsstiftern darzustellen wagten.

Man kann lange darüber streiten, welche Motive in dieser Desexualisierung der Gottheit wirksam geworden sind. War es, soziologisch gesehen, der Versuch einer Minorität, am kleinen Unterschied religiöse Unterscheidungen gegenüber der kanaanäischen Umwelt festzumachen? War es, psychologisch betrachtet, die männliche Angst vor der Körperlichkeit, vor allem vor der verschlingenden Leiblichkeit der Frau? Oder war es, wie es Theologen gern verstehen, die Einsicht in die radikale Differenz zwischen Schöpfer und Geschöpf, die jede Verwechslung zwischen göttlicher Allmacht und kreatürlicher Potenz ausschließen mußte?

Mögen die Motive für die Desexualisierung der göttlichen Gestalten auch unklar sein, die Folgen für die sexuelle und die religiöse Praxis sind in vieler Hinsicht verheerend gewesen. Die Entdeckung der Weltlichkeit von Sexualität hat zu einer Verarmung des menschlichen Lebens geführt, und zwar in doppelter Hinsicht. Auf der einen Seite hat die Sexualität ihren religiösen Auslegungshorizont verloren. Und durch diese Profanisierung sind all jene Phänomene möglich geworden, die das moralische Bewußtsein der Kirchen gegenwärtig beklagt. Sexualität konnte jetzt zum individuellen Genußmittel werden, zum Konsumartikel, zum Leistungssport, ja zum Religionsersatz. Auf der anderen Seite hat aber auch die Religiosität ihre vitale Basis verloren. Die Beziehung zu den religiösen Objekten vollzieht sich meist kognitiv oder normativ, nicht mehr libidinös. Daß zum Glauben an Gott und an Jesus auch eine intensive Liebesbeziehung gehört, daß dabei Formen intimster Kommunikation bis hin zu Vereinigung und Verschmelzung erlebt werden können, das sind Aspekte, die der christlichen Frömmigkeit nach der Trennung zwischen Religion und Sexualität immer unzugänglicher werden.

Wenn Sexualität nicht mehr religiös ausgelegt und wenn Religion nicht mehr libidinös erlebt werden kann, dann droht für beide Bereiche eine elementare Deformation. Sexualität kann dann nicht mehr nach dem Vorbild göttlichen Verhaltens gestaltet werden, sondern bedarf der gesetzlichen Normierung. Allenfalls die Askese findet in der Asexualität der Gottheit ihr transhumanes Ideal. Sexuelle Praxis dagegen wird für die theologische Wahrnehmung auf ihre ethische Problematik reduziert. Dieser Ethisierung von Sexualität entspricht die Dogmatisierung von Religion, die in der theoretischen Betrachtung und der doktrinären Weitergabe aus ihrem Lebenszusammenhang herausgerissen und zu einem abstrakten Lehrsystem depotenziert wird.

Man hat sich immer wieder gewundert, warum die Weltlichkeit der Sexualität, wie sie von der biblischen Tradition behauptet wird, nicht durchgehalten wurde und in der Kirchengeschichte, ansatzweise ja schon bei Paulus, ihre Dämonisierung zu konstatieren ist. Aber was wie ein Widerspruch aussieht, stellt sich der phänomenologischen Betrachtung als durchaus stimmig dar. Sexuelle Realität ist für das menschliche Erleben so transzendenzerfüllt, daß eine rein profane Auslegung dieses Geschehens mit erheblichen Anstrengungen verbunden ist. Wenn dieser Lebensbereich entmythisiert ist, wenn die Götter vertrieben und die heilige Hochzeit abgeschafft ist, dann besetzen sehr schnell die Dämonen diesen Raum der Entgrenzung, der Überwältigung und der Vereinigung. *Wenn die Sexualität von der Gottheit getrennt wird, dann geht sie zum Teufel.* Was nicht so gut ist, daß auch die Götter es tun, das muß dann böse sein, und umso bösartiger, je unvermeidlicher es immer noch zum Lebensvollzug des glaubenden Menschen gehört.

IV.

Religion und Sexualität bilden für Menschen im Abendland in der Regel einen unüberwindbaren Antagonismus, unabhängig davon, inwieweit sich die Individuen als fromme oder distanzierte Christen verstehen. Das sexuelle Erleben hat in den religiösen Vorstellungen keinen Anhalt mehr und muß deshalb durch ethische Normen kontrolliert und kanalisiert werden. Der sexuelle Akt ist auf diese Weise privatisiert. Das sexuelle Begehren zielt auf Lustgewinn, auf Bedürfnisbefriedigung, auf Partnerkonsum. Selbst die Liebe, die in der Sexualität ihren Sitz im Leben hat, bleibt auf die Begegnung zwischen zwei Menschen beschränkt, ohne daß in den großen Momenten der Entgrenzung die Wahrnehmung einer eigenständigen Wirklichkeit von kosmischen Ausmaßen möglich ist.

Aber noch in dieser Situation, in der Religion und Sexualität in extremer Distanz einander zugeordnet sind und so auch erlebt werden, dürfte es auf der Bewußtseinsebene möglich sein, sich die zahlreichen Verbindungslinien, die zwischen beiden Phänomenen bestehen, klarzumachen. Sexualität ist eine Lebensmacht, und zwar nicht nur im Sinn einer Bedrohung, die dann durch Verbot und Kontrolle gebannt werden müßte. Gerade in Kirche und Theologie muß der rein ethische Problemhorizont, der den theoretischen Umgang mit Sexualität charakterisiert, überwunden werden. Auch und gerade hier, im Bereich der Schöpfungslehre, ist der Vorrang des Indikativs vor dem Imperativ zu beachten. Sexualität ist nicht nur ein Problem, sie ist das konstitutive Phänomen unseres Lebens. Das gilt in mehrfacher Hinsicht.

Zunächst ist an eine Banalität zu erinnern. Sexualität sichert unter höher entwickelten Arten die Kontinuität des geschaffenen Lebens. Alle Menschen verdanken ihr Dasein Akten sexueller Praxis. Niemand ist so, wie er/sie ist, von den eigenen Eltern gewollt. Alle sind, durch Zufall, Schicksal, Bestimmung, Nebenprodukte von Begehren und Lust. Zur persönlichen Annahme des geschenkten Lebens gehört deshalb nicht nur die Bejahung der eigenen Körperlichkeit, sondern auch die Bejahung jenes unheimlichen Aktes, in dem die eigene Existenz grundgelegt wurde.

Sexuelle Askese ist in der Geschichte der Kirche auf vielfältige Weise begründet worden. Sie konnte der Angst vor dem Verlust der Vitalkraft entstammen. Sie konnte zur Abgrenzung gegen die heidnische Umwelt dienen. Sie konnte als Technik der Seelenpflege eingesetzt werden. Sie konnte zum Ausweis klerikaler Vollmacht dienen. Sie ist immer wieder auch als Instrument einer praktischen Apokalyptik eingesetzt worden. Geschlechtsdienstverweigerung fand statt aus Gewissensgründen und Weltuntergangssehnsucht. P. Brown hat diese Intention für die Anfänge des Christentums folgendermaßen beschrieben: »Eine kleine Anzahl führender Christen und Christinnen gebrauchte ihren Körper, um mit der drastischen Geste lebenslanger Keuschheit der Lebenskontinuität zu trotzen. Sie glaubten, daß die Zeit knapp würde. Ihr Leben verbreitete eine Botschaft, die anders war als die der aufstrebenden Führer des Judentums. Sie sprachen nicht von dem Glauben einer Gesellschaft, sie könne den ununterbrochenen Fluß einer menschlichen sexuellen Natur, der das Leben von Generation zu Generation weitergehen ließ, einspannen und disziplinieren. Ganz im Gegenteil: Für sie stand der enthaltsame Körper für ein Prinzip der Umkehrbarkeit; der Fluß des Lebens selbst konnte zum Stillstand gebracht werden.«[17] Sexuelle Praxis ist demgegenüber immer auch ein Akt der Lebensbejahung.

Sexualität sichert aber nicht nur die Kontinuität des geschaffenen Lebens, sie begründet auch, menschlich gesehen, die Lebendigkeit der religiösen Haltung. Glauben ist nicht nur hermeneutisch-kognitiv auf Verstehen auszulegen oder in den drei Aspekten von Erkennen, Anerkennen und Bekennen zu erfassen. Glaube ist sogar mehr als Vertrauen. Glaube ist Liebe, Liebe gegenüber den religiösen Objekten, Gottessehnsucht, Jesusminne, Geistesvereinigung. Diese dem neuzeitlichen Protestantismus in Mitteleuropa weitgehend verlorengegangene Dimension setzt aber das voraus, was in der Terminologie der Psychoanalyse Sublimierung genannt wird. Schon 1904/05 hatte S. Freud in seinen »Drei Abhandlungen zur Sexualtheorie« diesen Begriff verwendet und damit den Vorgang bezeichnet, »bei welchem den überstarken Erregungen aus einzelnen Sexualitätsquellen Abfluß und Verwendung auf andere Gebiete eröffnet wird«.[18] Unter Berücksichtigung der weiteren Entwicklung definieren Laplanche/Pontalis folgendermaßen: Sublimierung des Sexualtriebs bedeutet, daß er sich »auf ein neues, nicht sexuelles Objekt richtet«.[19]

Sublimierung im Sinne Freuds meint also nicht Abwehr, Verdrängung oder Unterdrückung libidinöser Energie, sondern ihre Gestaltung. Der Bruch zwischen dem sexuellen Erleben und den religiösen Vorstellungen kann dann auch diese Folge haben, daß die Sublimierung im Bereich von Religion nicht mehr möglich wird, sondern nur in anderen Lebensbereichen praktiziert werden kann. Der Glaube wird dadurch sowohl emotionsentleert als auch gegenstandsarm. Denn Objekte werden dem Erleben zugänglich durch das Medium libidinöser und aggressiver Beziehung. Wo man Gott nicht mehr lieben und gegen Gott nicht mehr kämpfen kann, da beginnt man zu fragen, ob es Gott überhaupt gibt. Ein Glaube, der von den vitalen Quellen der eigenen Existenz abgeschnitten wird, verliert deshalb nicht nur seine innere Lebendigkeit, sondern auch seine Gegenstände. Er muß seine Vitalität dann durch Normen zähmen und seine Religiosität durch sprachlich-begriffliche Operationen rekapitulieren.

Die lebenspraktische Integration von Sexualität enthält eine grundlegende Bejahung der Schöpfung. Die unverkrampfte Sublimierung von Sexualität ermöglicht eine lebendige Beziehung zum Schöpfer. Schließlich gilt auch: Die intensive Wahrnehmung des sexuellen Aktes schenkt den Erfahrungshorizont für jene Hoffnungswirklichkeit, die Reich Gottes genannt wird und in der Schöpfer und Schöpfung endgültig eins sein werden. Das, worum, nach dem Wort Heinrich Bölls, uns die Engel beneiden, ist ein Vorgeschmack des Lebens in der englischen Welt. Dort wird

Gott sein »alles in allem« (1. Korinther 15,28). Dort wird es auch den Unterschied zwischen Mann und Frau nicht mehr geben (Markus 12,25). Dieser Satz Jesu muß nicht, wie er meistens interpretiert wird, aus der Verachtung von Leiblichkeit stammen und nicht auf Beseitigung von Geschlechtlichkeit zielen. Die Geschlechtsdifferenz ist dann aufgehoben, wenn das Einheitserleben zur Dauererfahrung geworden ist, wie es im intrauterinen Primärzustand schon einmal gegeben war. Urzeit und Endzeit entsprechen einander – ontogenetisch, phylogenetisch, kosmologisch. Vielleicht ist auch das mit jenem talmudischen Satz gemeint, den wir zu Anfang zitierten: »Drei haben etwas vom Jenseits an sich: die Sonne, der Sabbath und der geschlechtliche Verkehr.« Im Erleben von Wärme, Ruhe und Vereinigung erfahren Menschen auf der Erde wesentliche Aspekte der Welt Gottes. Was sie jetzt in Grenzen erleben, vermittelt die Ahnung künftiger Herrlichkeit: von einem Glück, das mehr als einen Augenblick währt, von einer Liebe, die keine Begierde benötigt, von einer Freude, die nicht mehr gestört werden kann.

V.

Noch in den Ähnlichkeiten ihrer Deformation verraten Religion und Sexualität ihre tiefe Verwandtschaft. Westliche Menschen sind durch den Antagonismus beider Lebensmächte geprägt, aber verhalten sich in beiden Bereichen auf erstaunlich ähnliche Weise. In der aufgeklärten Neuzeit beherrscht die Haltung der Autonomie das Verhältnis zu beiden. Religion und Sexualität werden nicht als Lebensmächte respektiert, sondern für das persönliche Wohlergehen instrumentalisiert. Sie gelten als Spielmaterial, als Feierabendbeschäftigung, als Konsumartikel und dürfen den normalen Lebensablauf und die soziale Karriere nicht stören. Daß die Gotteserfahrung eine Lebensplanung gründlich verändert, daß man bei einer Liebesgeschichte den Kopf verlieren kann, kommt vor, wie gelegentlich ein Unfall passiert. Aber gegen beides kann man sich sichern, und von beidem kann man geheilt werden. Für das kirchliche Denken, für das therapeutische Handeln gelten Religion und Sexualität als beherrschbar. Entsprechend ist die Praxis gestaltet. Im Stress des Lebens werden der schnelle Gottesdienst, der hurtige Sex einfach abgespult. Westliche Menschen der Neuzeit sind in vieler Hinsicht religiöse wie sexuelle Analphabeten.

Was Lusterleben und Sexualpraxis für die Humanität des Menschen bedeuten, kann man an technischen Entwicklungen konstatieren, die in der Gegenwart laufen. J. Baudrillard findet in diesem Bereich einen entscheidenden Unterschied zu allen Phänomenen technischer Intelligenz. »Der Mensch wird sich im Funktionieren selbst von der intelligentesten Maschine immer durch den Rausch des Funktionierens und seine Lust unterscheiden. Maschinen erfinden, die Lust empfinden, das liegt glücklicherweise noch jenseits menschlichen Vermögens. Alle Arten von Prothesen können seine Lust fördern, aber er kann keine erfinden, die an seiner Stelle Lust empfinden. Er kann sich welche erfinden, die für ihn arbeiten, ›denken‹ oder sich besser als er oder statt seiner von der Stelle bewegen, aber es gibt keine technische oder mediale Prothese für die Lust des Menschen, für die Lust, Mensch zu sein.«[20]

Daß Sexualität mehr ist als eine Funktion, daß sie »den Körper zum Körper macht«,[21] zeigt Baudrillard an den Projekten der Klonung, die nicht nur jede Andersartigkeit nachwachsender Lebewesen abschaffen wollen, sondern mit der Rückkehr zum Traum vorgeschlechtlicher Fortpflanzung auch die Triade von Vater, Mutter und Kind beseitigen werden. »Wer klont, zeugt nicht: seine Keime sprießen an jedem Segment. Über den Reichtum dieser pflanzenartigen Verzweigungen lassen sich Spekulationen anstellen, die in der Tat jede ödipale Sexualität auflösen zugunsten eines ›nichtmenschlichen‹ Sexes, eines Sexes durch Kontiguität und plötzliche Demultiplikation ... Vater und Mutter sind verschwunden, nicht zugunsten einer zufälligen Freiheit des Subjekts, sondern zugunsten einer Code genannten Matrix. Keine Mutter, keinen Vater mehr: Matrix. Die Matrix, der genetische Code, wird künftig nach einer Verfahrensweise ›Kinder machen‹, die gereinigt ist von jeder zufälligen Sexualität.«[22] Im Klonen ist die Abwertung der Geschlechtlichkeit an ihr endgültiges Ziel gelangt, kann sich der abendländische Traum von einer lustfreien Körperlichkeit realisieren.

Nicht zuletzt darin liegt die Attraktivität östlicher Heilslehren begründet, daß sie eine konstitutive Verbindung zwischen Religion und Sexualität anzubieten vermögen.[23] So werden in den Publikationen der alternativen Szene überall Tantra-Seminare empfohlen, die altindische Traditionen religiöser Sexualpraktiken an Europäer/innen vermitteln wollen. In seinem Ursprungsland knüpft der Tantrismus an eine reiche Überlieferung an. »Im prätantrischen Indien sind zwei mögliche rituelle Geltungen der sexuellen Vereinigung zu unterscheiden, beide von archaischer Struktur und von unbestreitbarem Alter: 1. die eheliche Vereinigung als Hierogamie, 2. die orgiastische geschlechtliche Vereinigung zum Ziel der allgemeinen Fruchtbarkeit (Regen, Ernte, Herden, Frauen usw.) oder ›magischer Abwehr‹ ... ›Ich bin der Himmel, du bist die Erde‹, sagt der Gatte zur Gattin ... Die Vereinigung ist ein Zeremoniell, das eine große Anzahl von vorausgehenden Reinigungen, symbolischen Homologisierungen und Gebeten enthält, ganz wie beim Ablauf eines vedischen Rituals.«[24] Sexualität ist in dieser Tradition religiös rituell gestaltet.

In einzelnen Schulen des Tantrismus geht es nun darum, zur Überwindung des sexuellen Begehrens durch den Vollzug des sexuellen Aktes zu gelangen. Wer die religiöse Transformation der sexuellen Vereinigung praktizieren will, muß eine lange Lehrzeit durchlaufen, an deren Ende die männliche Fähigkeit steht, beim sexuellen Kontakt den Samenerguß zu vermeiden. »Das maithuna erscheint als die Bekrönung einer langen und schwierigen asketischen Lehrzeit. Der Neophyt muß seine Sinne vollkommen beherrschen; zu diesem Zweck muß er sich der ›frommen Frau‹ ... stufenweise nähern und sie durch eine verinnerlichte ikonogra-

26

phische Dramaturgie zur Göttin verwandeln. Die ersten vier Monate muß er ihr wie ein Diener dienen und im selben Zimmer mit ihr schlafen, zuletzt zu ihren Füßen. Während den nächsten vier Monaten dient er ihr weiter wie zuvor, schläft aber im selben Bett und zwar zu ihrer linken Seite. Während weiteren vier Monaten schläft er zu ihrer rechten Seite, dann schlafen sie umschlungen. Alle diese Präliminarien haben die ›Autonomisierung‹ der Lust zum Ziel – die als das einzige menschliche Erlebnis gilt, welches die nirvanische Seligkeit zu realisieren vermag – und die Meisterschaft über die Sinne, das heißt das Anhalten des Samens.«[25]

Diese Selbstbeherrschung ist deswegen wichtig, weil man durch die Emission des Samens, wie jeder Sterbliche, dem Tod und der Zeit verfällt. Allein die Technik, diese Eruption zu vermeiden, führt in Erfahrungsdimensionen von transzendenter Qualität. »Bei diesen Praktiken spielt die ›Lust‹ die Rolle eines ›Vehikels‹, denn sie verschafft die maximale Spannung, durch welche das normale Bewußtsein aufgehoben und der nirvanische Zustand, der *samarasa,* die paradoxe Erfahrung der Einheit, eröffnet wird.«[26] Wenn Atem, Denken und Ejakulation stillgestellt werden, dann kehrt jener umfassende Zustand ein, der voller Spannung und Glückseligkeit, voll Spontanität und voller Ruhe zugleich ist.

Der Tantrismus ist also ursprünglich in archaischen Kulturtraditionen Indiens und den entsprechenden Horizonten der Weltauslegung eingebettet. Ob man seine körperlichen Techniken ohne Verlust des spirituellen Kontextes einfach in eine von ganz anderen Traditionen geprägte Kultur importieren und den in dieser Kultur fundamentalen Antagonismus zwischen Religion und Sexualität überwinden kann[27], wird man, von außen her, fragen können. Man kann aber auch, auf diese Anregung hin, im reichen Schatz der eigenen Überlieferungen nachzuforschen beginnen und dabei durchaus erstaunliche Entdeckungen machen; denn die Widersprüchlichkeit zwischen den beiden Lebensmächten des Religiösen und des Geschlechtlichen hat die jüdisch-christliche Tradition zwar dominiert, aber nicht total usurpiert.

VI.

Ob und in welchem Sinn das Motiv der heiligen Hochzeit in den biblischen Schriften erscheint, ist unter den Exegeten umstritten. Für eine solche Interpretation in Betracht kommen vor allem die Liebeslyrik des Hohenliedes und die Syzygienvorstellung des Epheserbriefes. Für die alttestamentliche Tradition hat H. Schmökel unter Verweis auf altorientalische Parallelen eine Interpretation vorgelegt, die es möglich erscheinen läßt, daß das Hohelied »in seiner ursprünglichen und vollständigen Form als Text für die Zelebrierung der Heiligen Hochzeit dienen sollte«.[28] In einem seiner Hauptargumente verweist er auf die ungewöhnliche Rolle der Frau, die in diesen Texten zur Sprache kommt. »Das Hervortreten des Mädchens als des mit Vorrang sprechenden, fast ausschließlich handelnden, stets bestimmenden und fordernden Teiles widerspricht schlechterdings allem, was über Stellung und Rechte der jungen, sich zu Liebe und Ehe rüstenden Israelitin bekannt ist, paßt dagegen durchaus zu der hervorragenden Stellung der Ištar im altorientalischen Pantheon und ihrer Rolle im Tammuzmythos.«[29]

Zu Epheser 5,22ff. hat H. Schlier Vorstellungen »aus dem Umkreis einer mit einem hellenisierten Judentum zusammenhängenden ›Gnosis‹«[30] herangezogen, die Motive der Heiligen Hochzeit auch für diese deutero-paulinischen Aussagen anklingen lassen. Der Text setzt nämlich nach seiner Ansicht voraus, »daß jeder Mensch in sich in einer Syzygie von Fleisch und Geist lebt. Ferner, daß diese Syzygie das Abbild der Syzygie im erschienenen Christus ist, nämlich des Pneuma Christi = Christi und der Sarx Christi = Ekklesia. Die Syzygie des erschienenen Christus ist aber die Erscheinung der himmlischen Syzygie des Anthropos-Christus und der präexistenten Ekklesia. Es entsprechen sich also: präexistenter Anthropos – erschienener Christus – der einzelne Mensch, genauer: präexistenter Christus (das Männliche) – Heiliger Geist – Heiliger Geist, der empfangen wird, und präexistente Kirche (das Weibliche) – Sarx des erschienenen Christus – die Sarx des Menschen. Es gehören zusammen wie das Abbild oder Gegenbild und das Urbild: Heiliger Geist, der empfangen wird, und Sarx des Menschen, Heiliger Geist, erschienener Christus, erschienene Kirche und Sarx des erschienenen Christus, präexistenter Christus und präexistente Kirche, Christi Soma. Die Bewahrung der ersten Syzygie erschließt über die zweite Syzygie die dritte. Denn durch die in Syzygie mit dem erschienenen Christus = Pneuma erschienene Kirche = Christi Fleisch weist die pneumatische Kirche, die in Syzygie mit dem männlichen Christus lebt, den Menschen an, sein Fleisch in Syzygie mit dem Heiligen Geist zu bewahren«.[31]

In beiden Überlieferungsstücken kommt, wenn man die Auslegung der zitierten Autoren akzeptiert, das Phänomen der Heiligen Hochzeit mit unterschiedlichen Akzenten zur Sprache. Das Hohelied soll Textbuch für eine rituelle Darstellung sein – der Epheserbrief will eheliches Leben durch religiöse Vorstellungen gestalten. Dort vollzieht sich die Heilige Hochzeit im geschlechtlichen Akt zweier repräsentativer Figuren. Hier ist sie in der nicht ausphantasierten Beziehung zweier Kollektivgestalten personifiziert. Dort ist der menschliche Sexualakt, weil von göttlichen Personen aufgeführt, selber heiliges Geschehen. Hier wird die zwischenmenschliche Begegnung, weil im Wirkungsfeld der Kollektivsubjekte vollzogen, geheiligt und soll deshalb von aller Beflekkung gereinigt werden. Himmlische Beziehung und irdische Beziehung stehen so oder so im Verhältnis von Urbild und Abbild. Auch für den sexuellen Vollzug gilt die Regel aller religiösen Rituale, wie sie ein indischer Text formuliert hat: »So haben die Götter getan, so tun die Menschen.«[32]

Eine Diskussion über das Recht der vorgeführten Interpretationsangebote ist an dieser Stelle nicht nötig. Die zitierten Autoren machen auf jeden Fall verständlich, daß in der Auslegungsgeschichte der jüdisch-christlichen Überlieferungen immer wieder Motive der Heiligen Hochzeit auftauchen konnten, und zwar vorwiegend im Wirkungsfeld mystischer Frömmigkeitspraxis. Selbst dort, wo der Einfluß der alttestamentlichen Trennung zwischen dem Religiösen und dem Geschlechtlichen besonders tief nachwirken mußte, im Judentum nämlich, hat es durchaus Phasen einer innigen Verknüpfung beider Lebenssphären gegeben. Das hat vor allem G. Scholem in seinen Studien zur Symbolik der Kabbala dargetan.[33]

Auch die jüdische Mystik kennt die Doppelung von geschlechtlicher Vereinigung in der himmlischen und der irdischen Welt. Ermöglicht wird das durch die Anschauung von den zehn Sefiroth,[34] den Potenzen des göttlichen Seins, den Kraftäußerungen seines Lebens, den Emanationen seiner Verborgenheit. In dieser Lebenswelt Gottes kommt es insbesondere für das kabbalistische Zentralwerk des Sohar zu einer Vereinigung zwischen dem männlichen und dem weiblichen Prinzip.»Was sich in jenem hieros gamos (Siwwuga Kadischa, wie der Sohar ihn nennt), vollzog, ist ... die Verbindung der beiden Sefiroth Tif'ereth und Malchuth, des männlichen und weiblichen Aspekts in Gott, des Königs und seiner Matrone, die nichts anderes ist als die Schechina und die mystische Ekklesia Israels. In einem volkstümlicheren Verständnis konnte daher, wenn man die Bedeutungsfülle des Symbols der Schechina berücksichtigt, jene heilige Hochzeit auch auf die zwischen Gott überhaupt und Israel gedeutet werden, die für die Kabbalisten nichts anderes ist als der äußere Aspekt eines Vorgangs, der sich im Geheimnis der Gottheit selber vollzieht.«[35] Daß es dabei nicht nur um einen Randaspekt in der Gottesanschauung geht, betont Scholem ausdrücklich.»Die ganze Dynamik des Gottesbegriffs des Sohar ist auf diese Lehre von der Realisierung der Einheit des göttlichen Lebens im hieros gamos abgestellt und kann auf keinen Fall davon losgelöst werden, so wenig es an elaborateten allegorischen Umdeutungen dieser Sexualsymbolik später gefehlt hat, als die Bilder, die den Autor des Sohar zu solcher Begeisterung fortrissen, auch bedeutenden Theologen der Kabbala Schwierigkeiten gemacht haben.«[36]

Das himmlische Geschehen bildete – »So haben die Götter getan, so tun die Menschen« – auch in der jüdischen Mystik das Urbild für rituelle Praktiken im Kreis der Frommen, etwa am Wochenfest: »Dies Fest ist als das der Offenbarung am Sinai, die nach der Tora fünfzig Tage nach dem Auszug aus Ägypten erfolgte, das Fest des Bundes zwischen Gott und Israel, und von hier war zu seiner Auffassung als einer Hochzeit für die Kabbalisten nur ein Schritt. Der Sohar erzählt, daß Simon ben Jochai und seine Gefährten der Nacht vor diesem Fest eine besondere mystische Bedeutung beimaßen. Denn da dies die Nacht ist, in der die Braut sich zur Hochzeit mit ihrem Gatten rüstet, so galt es als angemessen, daß alle, die zum Palast der Braut gehören, das heißt aber die Mystiker und Torabeflissenen, ihr Gesellschaft leisten und in einem festlichen Ritual die Vorbereitungen zur Hochzeit mit ihr teilen. Es sind die Mystiker, die die Schechina mit dem richtigen Schmuck bekleiden, mit dem sie am nächsten Morgen unter den Traubaldachin gehen wird. Der vollständige Schmuck einer Braut besteht aber, wie schon die Talmudisten aus Jesaja 3 herauslasen, aus 24 Stücken. Diese vierundzwanzig sind aber nach dem Sohar nichts anderes als die 24 Bücher der Bibel. Wer daher aus allen Büchern in dieser Nacht Teile rezitiert und ihnen mystische Deutungen ihrer Geheimnisse hinzufügt, der schmückt die Braut auf die rechte Weise und freut sich mit ihr die ganze Nacht.«[37]

Die Vereinigung wurde hier noch teils allegorisch vorgestellt, teils spirituell vollzogen. Aber durch talmudische Traditionen wurden die Kabbalisten dazu angeregt, die Feier der heiligen Hochzeit am Sabbat auch körperlich zu praktizieren. »Erstens pflegten einzelne Talmudlehrer sich am Rüsttag des Sabbath zur Vesperzeit in einen Mantel zu hüllen und zu rufen: kommt, laßt uns der Königin Sabbath entgegengehen. Andere pflegten zu rufen: komm o Braut, komm o Braut. Zweitens berichtet eine andere Stelle, daß Simon ben Jochai und sein Sohn um die Vesperzeit am Freitag einen Greis mit zwei Bündeln Myrten in der Dämmerung dahineilen sahen. Sie fragten ihn: was sollen dir diese Bündel? Er antwortete: durch sie will ich den Sabbath ehren. Eine dritte Stelle aber berichtete, daß Tora-Gelehrte die eheliche Verbindung gerade in der Freitagnacht zu vollziehen pflegten. Diese disparaten Berichte werden im Ritual der Kabbalisten als Hinweise darauf verstanden, daß der Sabbath eben eine solche Brautfeier sei und die irdische Verbindung von Mann und Weib hier nur eine symbolische Repräsentation der himmlischen Hochzeit darstelle.«[38]

Durch diese Integration in die religiöse Vorstellungswelt gewann der geschlechtliche Akt für die Kabbalisten eine eigentümliche Würde. »Die Heiligkeit der Zeugung als eines echten Mysteriums, wenn sie sich in den Grenzen der sakralen Ordnungen vollzieht, wird im Sohar immer wieder ausdrücklich mit dem Hinweis auf diesen Vorgang des hieros gamos im Bereich der Sefiroth begründet. Nur wo diese Grenzen verlassen werden, verfällt der sexuelle Bereich dem Unheiligen, das dann freilich nicht etwa als das Profane schlechthin, sondern als das Dämonische und Verworfene gesehen wird«.[39] Aufschlußreich ist, daß die Dämonisierung des Sexuellen sich also keineswegs einer spirituellen oder ethischen Abwertung verdankt, sondern seiner religiösen Entleerung. Wenn sexuelles Erleben nicht mehr durch religiöse Vorstellungen umfangen wird, dann muß eine Zwiespältigkeit entstehen, die entweder zu einer Verteufelung des Geschlechtlichen führt oder im Hedonismus individuellen Konsumdenkens endet. Die mystische Tradition stellt die Frage, ob eine humane Gestaltung von Sexualität allein durch physiologisch-psychologische Aufklärung und ethische Normierung wirklich gelingen kann.

VII.

Natürlich bietet auch die Kirchengeschichte zahlreiche Beispiele für Christusminne und Gottesliebe im mystischen Sinne. Besonders bekannt, aber auch besonders umstritten dürfte die »Ehereligion« Zinzendorfs sein, wie sie O. Pfister von psychoanalytischen Voraussetzungen her interpretiert hat. Besonders für die sog. Eruptionsperiode, die Pfister zwischen 1741 und 1749 ansetzt, findet er in den Äußerungen des Grafen eine »orgastische Frömmigkeit«, die er im Vorwort zur zweiten Auflage seines Werks als Kompensationsvorgang charakterisiert: »Die von der natürlichen Verwendung ausgeschlossenen sexuellen Begierden tobten sich bei ihm mit orgastischer Intensität im Reich der religiösen Phantastik aus.«[40]

Bürgerliche Sprachzensur gegenüber dem Sexuellen und Kriterien neuzeitlicher Ästhetik machen es schwer, die obsessiven Äußerungen des barocken Grafen einigermaßen unvoreingenommen zu rezipieren. Der Vorwurf des Pathologisierens drängt sehr schnell ins Bewußtsein, entweder gegenüber dem modernen Autor oder gegenüber seinem Analysanden aus der Vergangenheit. Aber gleichzeitig kann man auch fasziniert davon sein, wie unverstellt und ungeschützt hier ein frommer Mann seine inneren Sexualkonflikte durch christologische Symbolisierung zu bearbeiten unternimmt.

Die höchst ambivalente Bedeutung Jesu für die sexualisierte Religiosität kommt am deutlichsten in den folgenden Worten zum Ausdruck: »Das ist des Heilands sein eigen geschäft, wenn er uns küsset zum erstenmal nach der vergebung der sünde, da thut er was der Mohel, der beschneider, der priester verrichtet. Denn wenn die beschneidung geschiehet, so reisset er's mit seinen zähnen entzwey und rein ab. Das thut nun bey uns der richter der gedancken.«[41] Auf der einen Seite klingt in diesen Worten eine aggressive Bedrohung an, indem der Heiland das Sexualorgan attackiert. Auf der anderen Seite ist aber auch ein Moment der libidinösen Beziehung zu spüren, denn im Akt der Beschneidung vollzieht sich ein oraler Sexualkontakt.

Diese Ambivalenz manifestiert sich bei Zinzendorf in den verschiedensten Aussagen. Immer wieder erscheinen homoerotisch gefärbte Phantasien über die Beziehung zu Jesus. Der Heiland umarmt den Glaubenden, legt sich auf ihn, wie Elisa sich auf den Knaben legte, um ihn durch Mund-zu-Mund-Beatmung wieder ins Leben zu rufen: »das ist eine solche handlung, die ich mit worten nicht ausdrükken kan, die ich dem gefühl ieden bruders und schwester überlassen muß, was sie in einem solchen augenblik in ihren gliedern, seele und gemüthe bei dieser umarmung fühlen, und ob's ihnen dabey ist wie dem weibe seyn wird, wenn's ihr mann erkennt.«[42] Die Begegnung mit Jesus ist hier also durchaus als Kohabitationsakt erlebt.

Mit Sexualsymbolik aufgeladen sind auch viele metaphorischen Bezeichnungen für die gläubigen Christen. Sie heißen die »Wundenbienelein«, die »Blutwundenfischlein«, die »Wunden-Täucherlein«, die »Kreuzluftbienelein«. Die Assoziationen, die durch solche Stichworte ausgelöst werden, betreffen andauernd Vorgänge des Eintauchens, des Eindringens und des Einsteckens. Dem entspricht auf der anderen Seite ein gesteigertes Interesse an einzelnen Körperpartien beim Heiland, nämlich an seinen Armen, seinem Schoß und der sogenannten Seitenhöhle. Der Glaubende schläft im Arm Jesu. Er soll aus seinem Schoß nicht herausfallen. Vor allem aber kommt es bei den Herrnhutern zu einem ausgesprochenen Kult der Seitenwunde Jesu, wobei man vor Bildern dieser Wunde anbetend gekniet hat. In den Einzelbeschreibungen wird dieser Seitenhöhle eine doppelte Funktion zugeschrieben: Der Christ wird darin geboren, und er ruht darin aus. Pfisters Kommentar ist eindeutig: »So peinlich es uns Leser berühren mag, Zinzendorf schildert mit aufdringlicher Beredsamkeit das ›Seitenhöhlchen‹ als weibliches Genitale, und zwar einerseits als Geburtsorgan, andererseits als Ort der maximalen Befriedigung.«[43]

Zu dieser sexuell aufgeputschten Religiosität gehört aber nicht nur eine stark homophile Komponente, sondern auch eine Tendenz zur Nekrophilie. In diesem Zusammenhang ist zunächst die Verehrung des Blutes Jesu zu erwähnen[44], die über Zinzendorf hinaus im Pietismus wichtig gewesen ist. Die Lust am Blutgenuß drückt etwa der folgende Vers aus: »Ich habe Blut geschmekt, als

mich das Lamm gewekt und habe dran gelekt: und nun besuch ich
fein die schönen blümelein am dornekrönelein aufs Lammes schei-
telein, und da riech ich nein, ach da saug ich ein.«[45] Derartige
Phantasien sind heute aus der Religion ausgewandert in das reiche Vorstellungsmaterial des Vampyrismus. Aber das nekrophile
Interesse bei Zinzendorf bezieht sich nicht nur auf das Blut Jesu,
sondern auch auf seinen Angstschweiß, auf die Kreuzesluft und
auf den Leichnam des Heilandes insgesamt. Wobei in vielen Zitaten immer wieder die Doppelbedeutung dieser Sätze hervortritt:
Wenn man sich zum Leichnam Jesu legt oder sich der Leichnam
Jesu auf einen senkt, dann ist das einerseits ein intensiver Körper-
kontakt. Aber der Leichnam ist kalt, und er tötet auf diese Weise
auch die heißen körperlichen Begierden.

In den wenigen Zitaten, die aus dem reichen Material hier aus-
gewählt werden konnten, dürfte die ungeheure Spannung deut-
lich geworden sein, die alle Äußerungen Zinzendorfs in dieser
Eruptionsperiode geprägt hat. Der Mohel Jesus Christus stellt die
Bedrohung, aber auch die Beglückung dar, die dem Geschlechts-
trieb durch die Begegnung mit dem heiligen Heiland widerfährt.
Lebenspraktisch lassen sich aus dieser Ambivalenz immer zwei
Konsequenzen leiten. Sexualität wird durch die christologische
Symbolisierung sowohl legitimiert als auch kontrolliert.

Mindestens in seiner eruptiven Periode hat das membrum Jesu
auf den Grafen eine große Faszination ausgeübt. Dessen Beschneidung beweist nicht nur die wahre Menschlichkeit und Männlichkeit des Gottessohnes, sondern heiligt auch das männliche Organ,
macht es aus einem pudendum zu einem verendum und fordert
die Heiligung christlicher Jünglinge, die bis zum Eintritt in den
Ehestand sexuelle Abstinenz üben müssen. Am Fest der Beschneidung wird das Glied Jesu ebenso verehrt wie am Knabenfest, und
wenn man daran teilnimmt, »trägt man dies glied für Ihn«[46]. Welche Beziehungsmuster sich aus diesem christologisch fundierten
Phallus-Kult ergeben, zeigt am deutlichsten ein Lied, das Zinzendorf für diesen Anlaß gedichtet hat: »Ich seh den priester stehen,

der unter geistes-wehen, am glied der männlichkeit des knaben ohne sünde, nach seiner gottsdienst-künde, die vorhaut würdiglich beschneidt. – Ach! heilge bunds-glieds-spalte, ach heilge wunde! walte der theuren mannbarkeit der sündigen geschöpfen, die du zu ehren-töpfen mit deines gliedes blut geweyht. – Die knaben die verhüllen um deines gliedes willen sich so vor iedermann; die jünglinge verriegeln sich der natur mit siegeln, die nur der schöpfer öffnen kan. – Wird eine Gnaden-Esther, und nach dem leibe schwester, das bundesglied gewahr, so schliessen sich die sinnen, und sie wird heilig innen, daß GOttes sohn ein knabe war. – Ihr heilige matronen! die ihr in ehe-thronen um vice-christen seyd, ihr ehrt das theure zeichen, daran sie Christo gleichen, mit inniger gebogenheit.«[47]

Aber nicht nur die Sexualkontrolle wird christologisch begründet, auch die sexuelle Praxis kann, mindestens für die Sozialform der Ehe, unglaublich sanktioniert werden. Zinzendorf hat die Würde menschlicher Geschlechtlichkeit im Rahmen seiner religiösen Vorstellungen so ausgedrückt: »1. Dass ich die menschlichen Unterscheidungs-Glieder der Christen für die ehrwürdigsten am ganzen Leibe achte, weil sie mein HERR und mein GOTT theils bewohnet, theils selbst getragen hat. 2. Dass ich von keiner andern Vereinigung menschlicher Hütten etwas verstehe, als in Sensu oeconomico & ministeriali, Amts-halber aus GOttes Gebot, als der Liturgie einer eigens darzu bestimmten Sacristey, die man das Ehe-Bett nennet, wo zwey Personen, deren eine den Mann aller Seelen, und die andere die ganze Seelen-Gemeine, d.i. den Leib dieses Mannes, vor eine Zeit repraesentiren, einen täglichen Gottesdienst halten, da denn unter andern Amts-Pflichten und Kirchen-Gnaden auch diese vorkömmt, dass respective im Namen JEsu Kinder erzeuget und im Namen der Kirche empfangen werden.«[48]

Unübersehbar ist hier die Begrifflichkeit der heiligen Hochzeit wieder präsent. Das Ehebett ist zur Sakristei geworden. Mann und Frau bilden Christus und die Gemeinde ab, und ihre Vereinigung ist ein gottesdienstlicher Akt, dessen Vollzug die täglich auszuübende Amtspflicht der Christen darstellt. Auch persönlich hat Zinzendorf sich als Stellvertreter des Heilands verstanden, wenn er 1746 an seine Ehefrau schreibt: »Das Lamm das dich erwehlet hat, zu seyn sein ewger ehe-gatt, und hat mich dir zur vikarey geschaffen, bis ers selber sey.«[49]

Die religiöse Aufladung der Geschlechtlichkeit hat hier alle Grenzen gesprengt. Nicht mehr einzelne rituelle Akte, sondern das Geschlechtsleben insgesamt wird im Rahmen der heiligen Hochzeit begangen. Der ganze Leib des Erlösers, sein Mund, sein Glied, seine Wunde, werden mit sexuellen Phantasien besetzt. Und alle persönlichen Wünsche und Ängste, alle Obsessionen und Perversitäten werden im Verkehr mit dem Heiland symbolisiert. Man kann aus der Grenzenlosigkeit der Mythisierung von Sexualität auf die Heftigkeit persönlicher Spannungen schließen, die den Grafen erfüllt und gequält haben müssen. Man kann aber auch die Lebendigkeit eines Glaubens bestaunen, der alle Aspekte der eigenen gebrochenen und verwundeten Vitalität in die Kommunikation mit dem Erlöser zu integrieren vermocht hat. Bei diesem barocken Edelmann kann man auf jeden Fall lernen, daß auch Sexualpraktiken, die dem bürgerlichen Denken, soweit es sich öffentlich artikuliert, unvorstellbar und unaussprechlich erscheinen, daß auch solche Formen gelebter Sexualität in der Begegnung mit dem Heiland geheiligt sein können.

VIII.

»So haben die Götter getan, so tun die Menschen.« Die Überwindung der elementaren Zwiespältigkeit zwischen dem Religiösen und dem Geschlechtlichen ist quer durch die Religionen und Kulturen hindurch im Modell der heiligen Hochzeit erfolgt. Drei Varianten kann man dabei, wie wir gesehen haben, idealtypisch unterscheiden. Die heilige Hochzeit kann sich götterintern vollziehen, sie kann sich zwischen einer Gottheit und einem Menschen ereignen, und sie kann von zwei Menschen, in besonderen Riten oder in jedem Sexualkontakt, vollzogen werden. Durch Urbild-Abbild-Typologien sind diese drei Dimensionen auf vielfältige Weise miteinander verbindbar.

Unter den Theologen dieses Jahrhunderts hat das Urbild-Abbild-Schema zweifellos bei K. Barth die reflektierteste dogmatische Rezeption gefunden. Mit seiner Lehre von der analogia relationis versucht er, jene Entsprechungen zwischen göttlichen und menschlichen Phänomenen freizulegen, die sich exklusiv aus der Christologie ergeben, aber ebenso eindeutig Ekklesiologie und Anthropologie begründen. An Barths Aussagen zu Ehe und Geschlechtlichkeit läßt sich zeigen, wo für gegenwärtiges theologisches Denken Integrationsmöglichkeiten, aber auch erhebliche Barrieren gegenüber dem Vorstellungsmaterial der heiligen Hochzeit bestehen.

Die Ehe ist für Barth durchaus eine profane Institution, die theologisch in den Bereich der Schöpfung gehört. Aber weil für seinen dogmatischen Ansatz der ›Bund der innere Grund der Schöpfung‹ ist[50], weil also die Schöpfung noetisch und ontisch in der Gnadenwahl Gottes begründet ist, ist für ihn auch die Ehe theologisch erst angemessen verstanden, wenn man sie im Licht der Christus-Offenbarung betrachtet. Das bedeutet, daß sie »in dieser ihrer menschlichen Grundlegung zuerst und direkt das Abbild der Gnadenwahl des Bundes ist: der Liebe Jahves zu seinem Volke, der Liebe Jesu Christi zu seiner Gemeinde«[51]. In der Umkehrung beschreibt Barth diesen Sachverhalt auch durch die Rede vom »Urbild! Weil Gottes Erwählung wirklich ist, darum gibt es menschliche Liebe und Ehe«[52]. Allein auf dieser Basis ist seiner Meinung nach auch die theologische Begründung der christlichen Eheform eindeutig möglich: »Die Notwendigkeit der Monogamie ergibt sich daraus und nur daraus, daß der eine Christus und seine eine Gemeinde in dem einen erfüllten Bunde ein Leib sind.«[53]

Das Urbild-Abbild-Schema, wie Barth es verwendet, weist freilich gewisse Eigentümlichkeiten auf. Es parallelisiert Beziehungsstrukturen von göttlichem Bund und menschlicher Ehe. Es operiert dabei auch mit Beziehungsgefühlen, vor allem in Gestalt von Liebe, Treue, Erwählung. Aber es argumentiert mit unterschiedlichen Beziehungspartnern: auf der einen Seite die Gottheit und das Gottesvolk, auf der anderen Seite zwei Menschen. Ausgeschlossen bleiben für diese Konstellation deshalb alle Beziehungsmuster, die Geschlechtskontakte innerhalb der Gottheit oder zwischen der Gottheit und einzelnen Menschen in den Vorstellungshorizont einbeziehen könnten. Von welchen Interessen die Aussagen insgesamt bestimmt sind, läßt sich Barths Kritik an der religiösen Verklärung menschlicher Sexualität entnehmen.

Zunächst äußert er Verständnis dafür, daß man durch die Erfahrung sexueller Ekstase »an der Schwelle einer Art von natürlicher Mystik zu stehen« meint[54]. Das gilt gerade angesichts der hier stattfindenden »wahrhaft atemraubenden Dialektik von Verschiedenheit und Beziehung, von echter Zweiheit und ebenso echter Einheit, von völligem Beisichsein und völligem Außer-sich- und Beim-Andern-Sein, von Schöpfung und Erlösung, von Diesseits und Jenseits. Ist Menschlichkeit Mitmenschlichkeit und wird Mitmenschlichkeit zuerst und zuhöchst in dieser Dialektik erlebt – wie nahe liegt es dann, gerade Mitmenschlichkeit als den kühnen, seligen Rausch tiefster Vertiefung und höchster Erhöhung des menschlichen Seins, als dessen Vergottung zu verstehen und erleben zu wollen«.[55] Aber gegen alle Mystifizierung der Sexualität will Barth das Gebot Gottes in seinem eigentlichen Sinn zur Geltung bringen. Dieses Gebot stellt auf jeden Fall klar, daß der Mensch »sich auch da nicht etwa in einer Dämonenwelt, nicht in irgendeinem Abgrund oder Dschungel, sondern im Haus und unter der Ordnung seines Vaters befindet«[56]. Es besorgt auf diese Weise »die radikale Relativierung jener Begegnung und des Seins des Menschen in dieser Begegnung« im Sinne einer elementaren Entmythologisierung[57]. Und es führt den Menschen durch diese heilsame Begrenzung zu einer ebenso heilvollen Befreiung: »Er darf auch in dieser Hinsicht einfach Mensch sein. Er bedarf also keiner Ekstase und keines Enthusiasmus, er bedarf keiner Mystik, keines Rausches und keiner Vergottung, um diese seine Bestimmung wahr zu machen. Er kann und darf jene ganze Dialektik bis aufs Letzte ernst nehmen. Er kann und darf sich aber den ganzen Krampf, die ganze Pein, die ganzen Verwicklungen ersparen, die dann unvermeidlich wären, wenn es sich hier um eine metaphysische, eine absolute Dialektik handeln würde, wenn er, der Mensch, in dieser Dialektik selber Gott und sein eigener Herr sein wollte und müßte. Er darf auch in dieser Sache Mensch – nur Mensch, aber wirklicher Mensch sein. Indem Gott ihm auch hier sein Gebot gibt, sich seiner also auch hier annimmt und ihn gerade hier jener radikalen Relativierung unterwirft, gibt er ihm auch hier diese Freiheit.«[58]

»So haben die Götter getan, so tun die Menschen.« Die analogia relationis wird bei Barth durch Beziehungsstrukturen und Beziehungsgefühle gefüllt. Gott ist die Liebe, in sich selbst und nach außen. Und Menschen können und dürfen in Entsprechung zu dieser Liebe leben. Das Gebot des Vaters (!) sorgt freilich dafür, daß die Liebe in einer Hinsicht analogielos bleibt. Das Geschlechtliche ist das Kreatürliche. An diesem Punkt darf weder der Mensch vergöttlicht noch darf Gott vermenschlicht werden. Die Liebe ist das, was Gott und Mensch miteinander verbindet. Die Sexualität ist das, was Gott und Mensch unterscheidet. Barth will durch diese Differenzierung die Dämonisierung des Sexuellen verhindern. Die Frage ist, ob angesichts der transzendierenden Tendenz des sexuellen Erlebens diese Entmythologisierung nicht die Basis entweder für die Verteufelung oder für die Vergötzung des libidinösen Triebs bildet.

»Das Religiöse und das Geschlechtliche sind die beiden stärksten Lebensmächte.« Wenn das Religiöse unter dem Einfluß des Mammonismus seine Prägekraft für das menschliche Leben verliert, dann versandet einerseits auch die Zwiespältigkeit, die das

Verhältnis beider Lebensmächte in der Geschichte des Abendlandes bestimmt hat. Andererseits gewinnt dann aber die Sexualität mit ihren Erlebnis- und Beziehungskonflikten für den individuellen Lebensvollzug eine ständig zunehmende Bedeutung. In einer Welt, aus der die Religion durch die Entwicklung ökonomischer und technischer Rationalität vertrieben ist, wird die Liebe zur »Nachreligion«.

U. Beck und E. Beck-Gernsheim haben diese irdische Religion der Liebe, wie sie das Leben vieler Zeitgenossen beherrscht, genetisch und funktional einleuchtend nachgezeichnet. »Religion und Liebe beinhalten das Schema einer analog gebauten Utopie. Sie sind jede für sich ein Schlüssel aus dem Käfig der Normalität. Sie öffnen die Normalität auf einen anderen Zustand hin. Die Bedeutungspanzer der Welt werden aufgebrochen, Wirklichkeiten anders und neu erstürmt. In der Religion geschieht dies auf eine Wirklichkeit hin, die als Überwirklichkeit die Endlichkeit des menschlichen und allen anderen Lebens in sich enthält. In der Liebe erfolgt dieses Aufschließen der Normalität sinnlich, persönlich, in sexueller Leidenschaft, aber auch in der Öffnung des Blicks füreinander und für die Welt. Die Liebenden sehen anders und sind daher anders, werden anders, erschließen einander andere Wirklichkeiten. Schaffen sich neu, indem sie ihre Geschichte sich wechselseitig offenbaren und ihre Zukunft neu schmieden. Liebe ist ›eine Revolution zu zweit‹ (Francesco Alberoni 1983).«[59] Diese neue Religion der Liebe öffnet den Individuen nach dem Zerfall institutionell vermittelter Lebensorientierung einen neuen Sinnhorizont. »Mit dem Rückzug von Recht, Kirche, Moral und Staat legt die Liebe sogar ihre tradierten Normierungen und allgemeinverbindlichen Codes ab und wird im klassisch-modernen Sinne eine Angelegenheit der Individuen und ihrer Entscheidung. Es entsteht eine Art ›individueller, individualisierter Rechts- und Normenpositivismus‹ der Liebe. Das alles hebt aber nicht ihren Status als sinnerzeugende Tradition auf, sondern kennzeichnet, begründet diesen: Der Sinntypus, der hier entsteht und hier gestiftet wird, ist in Genese und Form, Kirche und Bibel, Parlament und Regierung individueller Sinn (›Gewissenssache‹): Sinn für und durch die Individuen, zur Aufhebung, Ausgestaltung, Ausbalancierung ihrer Selbst- und Weltentwürfe.«[60] Zur technisierten Berufswelt findet man hier eine konkrete Alternative. »Überall herrschen Abstraktionen: Statistiken, Zahlen, technische Formeln, die auf (bedrohliche) Wirklichkeiten zeigen, in Dimensionen reden, die bei allen Unterschieden eines gemeinsam haben: sie entziehen sich der alltäglichen Wahrnehmung. Liebe ist auch und wesentlich eine Rebellion der Erfahrung gegen die erfahrungslos werdenden Zweitwirklichkeiten in der zivilisatorisch hergestellten Welt.«[61] Und auch Streitlust und Einsatzbereitschaft finden hier ein reiches Betätigungsfeld. »Nach Klasse und Not, nach Religion, nach Familie oder Nation, Vaterland usw. entsteht ein Thema, drängt sich konfliktvoll vor, breitet sich als Unsicherheit, Angst, unerfülltes, unerfüllbares Bedürfnis aus, wird von Pornographie, Feminismus, Therapie geweckt, ausgewalzt, verschlüsselt, normiert, vorgestanzt, aber entwickelt auch sein eigenes Licht, seine eigene Farbigkeit, seine Landschaft von Standpunkten, läßt andere Abgründe, andere Ausblicke entstehen als etwa der Hunger nach Geld, das Gerangel um Karriere oder die technische Phantasie: das Gegeneinander der Geschlechter im gemeinsamen Kampf um Liebe; die in Vaterschaft und Mutterschaft zerbrochene Elternschaft; und das Ringen um die Kinder als die Träger der verletzten Hoffnungen.«[62]

Im Rahmen dieser Nachreligion passen auch widersprüchliche Entwicklungstendenzen zusammen. »Familienidealisierung und Scheidung sind die zwei Gesichter eines modernen, in den enttraditionalisierten, individualisierten Lebenswelten um sich greifenden Liebesglaubens.«[63] Weil das Individuum in der Beziehung Glück und Heil des eigenen Lebens zu finden versucht, sind die wechselseitigen Ansprüche oft überfrachtet, werden auch partielle Enttäuschungen als katastrophal erlebt und enden kleine Krisen in gewaltigen Turbulenzen. Das hängt nicht zuletzt an der begrenzten Zeitperspektive des Liebesglaubens. »Die irdische Religion der Liebe steht unter dem Diktat der Diesseitigkeit, der Duhaftigkeit, der Konkretheit und Nachprüfbarkeit der Erfüllung, die verheißen wird. Aufschub ist letzten Endes ebensowenig möglich wie die Vermittlung über Gott oder die Vertagung des Ausgleichs auf das Leben nach dem Tod. Es fehlt das Erbarmen des Jenseits, mit dem die Religionen die Konflikte und das Überborden der Ansprüche zugleich entladen und erfüllen konnten – ohne ihr Versprechen bar, sozusagen in der Münze nachprüfbarer Erfahrungen, ›bezahlen‹ zu müssen.«[64] Liebe als Nachreligion ist zum »Schon jetzt« der Erfüllung verurteilt, weil sie das »Noch nicht« der Hoffnung nicht kennt.

Eine Liebe, die sich von der Religion emanzipiert hat, die auch traditionelle soziale Gestaltungsmuster überwunden zu haben meint, wird sich nicht einfach in das Korsett konservativer Normen wieder einfangen lassen. Neue Moden können alte Modelle entdecken. Und sexuelle Askese kann dann für eine Zeit zum letzten Hit auf dem Beziehungsmarkt werden. Allenfalls ökonomische Zwänge liefern wirksame Regulative für eine kollektive Steuerung von Beziehungskisten. Aber durch moralische Appelle oder kirchliche Erklärungen läßt sich »Das ganz normale Chaos der Liebe« heutzutage nicht ordnen. Und ob das Muster der vormodernen Biographie, die nach dem Auskosten der Lebenslust in die Ruhe der Gottesliebe, aus dem Salon in das Kloster geführt hat, ob dieses Muster auch gegenwärtig in zahlreichen Fällen abläuft, wird man bezweifeln dürfen.

Die Kirchen können Menschen in ihren vielfältigen Beziehungskrisen nur beistehen, wenn sie sich mit der Empfehlung des Ehe-Instituts nicht begnügen. Es ist ja auf dem Papier alles richtig. »Das ausdrückliche und öffentlich gesprochene Ja zum gemeinsamen Leben ist eine Hilfe zur Dauer der Liebe in den wechselnden Situationen der ehelichen Gemeinschaft. Es macht die Verantwortung der Liebe sichtbar. Die ausdrückliche Form der Ehe zeigt an, daß die Liebe nicht immer wieder neu von vorne anfängt, sondern in den Schritten eines gemeinsamen Lebens ihre Erfüllung suchen soll. Darum befreit das Eheversprechen von der Willkür und den wechselnden Einstellungen der beiden Partner in ihrem Verhältnis zueinander und weist sie immer wieder auf das hin, was sie aneinander bindet. In der Anerkennung des Eheversprechens nehmen die Eheleute sich gegenseitig als Person an und bekennen sich zu ihrem ursprünglichen und eigenen Willen in der Bindung aneinander.«[65] Es ist auf dem Papier alles richtig, was in der Ehe-Empfehlung der Kirchen zu lesen ist. Aber in der Lebenswirklichkeit der angesprochenen Menschen sieht alles noch einmal ganz anders aus. Und es ist mit Nachdruck zu fragen, ob die Apologie einer Institution das einzige und das Wichtigste ist, was eine Kirche, die sich evangelisch zu nennen wagt[66], zur Gestaltung menschlicher Sexualität »nach der Orgie« beitragen kann.

Gegen das Chaos der Liebe die Ordnung der Institution – die protestantische Kirche folgt mit ihren offiziellen Verlautbarungen meistens einem theologischen Denken, das noch immer in der Spannung zwischen Religiosität und Sexualität befangen ist. Quer durch die verschiedenen Schulen begegnen, wenn es um die Bewertung von Ehe geht, gemeinsame Argumentationsfiguren, die die Krise, die sie beklagen, nicht überwinden können, weil sie ihr selber verhaftet sind.

Dabei wird die Krise der Ehe, wie sie in Scheidungsraten und Single-Statistiken faßbar wird, meist durchaus nuanciert und differenziert ausgeleuchtet. Die Problematik eines romantischen Ideals wird beschrieben, das stabile Beziehungen durch labile Gefühle fundieren will. Überzogene Erwartungen auf das Glück eines gemeinsamen Lebens werden getadelt, weil sie Überforderungen in der Lebenserfahrung nach sich ziehen. Gesellschaftliche Veränderungen werden mindestens ansatzweise in Rechnung gestellt, so das gewandelte Rollenbild im Geschlechterverhältnis oder die gesteigerten Ansprüche an die berufliche Mobilität. Die Widersprüchlichkeit von Lebenszielen wird ins Bewußtsein gehoben, wenn die Individuen gleichzeitig Freiheit und Geborgenheit für sich selbst, Treue und Selbstverwirklichung in der Beziehung erstreben. In der Regel laufen solche Beschreibungen auf ein Fazit hinaus, das am deutlichsten D. Rössler schon 1970 so formuliert hat:»Die Krise der Ehe ist heute zu einem nicht geringen Teil Partizipation an der Krise der Institutionen im ganzen.«[67] Auch der entscheidende Konflikt, der seit der Reformation das Eheverständnis geprägt hat, ist demgemäß»die Spannung zwischen Institution und Individualität«[68].

Was die theologische Ethik auf der Basis dieser Analyse konstruktiv auszuarbeiten versucht, ist die Apologie der Institution. Das geschieht in der Regel ohne Begründung und verrät schon darin seine konservative Tendenz. Denn es ist für eine evangelische Theologie keineswegs selbstverständlich, daß sie im Streit zwischen Individuum und Institution, zwischen subjektiven Bedürfnissen und objektiv-gesellschaftlichen Ordnungen derart einseitig Partei ergreift[69]. Daß sie dabei selber einigermaßen aus der Fassung gerät, zeigt sich in dem typischen Doppelschritt, der in vielen Gedankengängen begegnet.

Die Apologie der Institution Ehe wird zunächst durch funktionale Überlegungen abgestützt. Die Institution liefert demnach einen bergenden Schutzraum für die Personen[70]. Sie stellt Zeit zur Verfügung und schenkt deshalb»Raum zur freien Entfaltung«[71]. Sie enthebt vom dauernden»Zwang zur Selbstthematisierung der Verhältnisse«[72] und sichert für den Beziehungsbereich die humane Einsicht:»Erst die akzeptierte Ordnung macht die personale Verantwortung möglich.«[73] Im Vergleich mit traditionellen Begründungsmustern fällt die positive Füllung der funktionalen Inhalte auf. Ehe dient nicht mehr zur Eindämmung der chaotischen Lebensmacht Sexualität, sondern wird in ihrer Entlastungsleistung beschrieben, wie es der Institutionen-Theorie A. Gehlens entspricht.

Aber zu dieser funktionalen Begründung tritt in den Äußerungen theologischer Ethik meistens ein zweiter Gedankengang, der die funktional begründete Institution religiös sanktioniert. So konstatiert D. Rössler gleich zu Beginn: »Die lutherische Ehelehre hat darauf verzichtet, von einem, dem geschichtlichen Wandel nicht unterworfenen und stets mit sich selbst identischen Begriff der Ehe auszugehen. In der Auseinandersetzung mit einem solchen Eheverständnis ist das lutherische allererst entstanden.«[74] Und an vielen Stellen verweist er auf die geschichtliche Wandelbarkeit der Institution, was ihre soziale Ordnung und mentale Wahrnehmung angeht. Aber im Zentrum seiner Darlegungen erscheint ein Satz, der die funktionale Betrachtung weit hinter sich läßt, auch wenn er sich zunächst nur gegen die überlieferte Lehre von den Zwecken der Ehe wendet: »Der Zweck der Ehe ist sie selbst. Es ist nicht sachgemäß, es ist vielmehr gefährlich für die Humanität und für das Leben selbst, wenn die Ehe als Instrument zur Realisierung von Zwecken angesehen wird, die jenseits von ihr liegen.«[75] Wir haben aus dem Talmud gehört: »Drei haben etwas vom Jenseits an sich: die Sonne, der Sabbath und der geschlechtliche Verkehr.« Gegen alle gesetzliche Verabsolutierung hat Jesus behauptet, daß der Sabbath kein Selbstzweck sei, sondern um der Menschen willen geschaffen wurde (Markus 2,27). Sollte das bei der Ehe anders sein? Wenn zutrifft, was Rössler an dieser Stelle behauptet, dann wäre die Ehe eine heilige Institution, und dann könnte sich das Individuum bei aller Variabilität, die man ihren Funktionen zubilligen mag, ihrer Ordnungsstruktur letztlich nur unterwerfen.

In anderer, dogmatisch gefärbter Sprache tauchen ähnliche Äußerungen bei H.G. Pöhlmann auf. Jenseits aller funktionalen Begründung, die man etwa für freie Lebensgemeinschaften anführen könnte, gilt hier: »Die Ehe ist Gottes Ordnung (Mk 10,9), nicht eine eigengesetzlich zu regelnde menschliche Lebensform. Sie ist de iure divino, nicht de iure humano, göttlichen, nicht menschlichen Rechts.«[76] Gegen alle Relativierung, wie sie im staatlichen Scheidungsrecht, in der Beziehungspraxis auch von Christ/innen und in theologischen Äußerungen zu beobachten ist, will Pöhlmann deshalb den Status confessionis ausrufen: »Das Thema freie Lebensgemeinschaften signalisiert eine tiefe Normenkrise der evangelischen Theologie. Hier steht im Grunde die 1. These der Barmer Erklärung auf dem Spiel, wonach ›Jesus Christus, wie er uns in der Heiligen Schrift bezeugt wird, das eine Wort Gottes ist‹.«[77] Die Institution Ehe hat mit solchen Aussagen eine Aufwertung erfahren, wie sie im theologischen Diskurs der Gegenwart sonst kaum anzutreffen ist. Christliche Glaubensinhalte und kirchliche Lebensformen werden durchweg unter dem Vorzeichen des Pluralismus erörtert – die Ehe, die Selbstzweck sein soll, die als Schöpfungsstruktur in den Bekenntnisstatus erhoben wird, die Ehe als Institution gewinnt gegenüber den individuellen Bedürfnissen und in den interpersonalen Konflikten fundamentale Dignität und absolute Priorität.

Aus dem Chaos der Liebe in die Institution der Ehe – auch in der Gegenwart ist die Spannung zwischen dem Religiösen und Geschlechtlichen nicht überwunden. Denn in allen Polaritäten, die in diesem Zusammenhang wirksam werden, ergreift die kirchliche Maxime einseitig Partei. Man benutzt im theologischen Kontext eine soziologische Kategorie, mit deren Hilfe man durchweg die Inhalte der alten Lehre von der Schöpfungsordnung weiter tradiert. Auf diese Weise werden Entwicklungen, die sich vor allem gesellschaftlichen Veränderungen und individuellen Belastungen verdanken, einseitig auf das Schuldkonto subjektiven Scheiterns verbucht. Kirchliche Beratungsstellen mögen mit psychotherapeutischen Konzepten arbeiten; in der Zielperspektive sind sie von der soziologischen Institutionentheorie dominiert. Weil eine Versöhnung zwischen dem Religiösen und dem Geschlechtlichen unmöglich erscheint, bemüht man in Kirche und Theologie das Gesellschaftsphänomen der Institution, um gegenüber den bedrohlichen Aspekten von Sexualität sprach- und handlungsfähig zu bleiben.

Alle Aufwertung und Verteidigung, alle Empfehlung und Belehrung im Blick auf die Ehe, wie sie in den kirchlichen Dokumenten andauernd versucht wird, bleibt aber eigentümlich wirkungslos, weil die Verbindung zwischen individuellen Gefühlen und transindividuellen Strukturen auf diese Weise nicht hergestellt werden kann. Die im Chaos der Liebe versinken, suchen ja in vielen Fällen eine tragfähige Basis für ihr Leben. Und die mit allen Mitteln überlieferte Ordnungen verteidigen, leiden manchmal an der mangelnden Lebendigkeit ihrer Beziehung. Solange Kirche und Theologie in diesen Konflikten zwischen dem Individuum und der Institution, zwischen den Gefühlen und den Strukturen nur das Institutions-Rezept anzubieten vermögen, werden sie nach beiden Seiten hin nur gesetzlich reden. Das empfehlende »Ja zur Ehe« enthält dann immer einen verdeckten Befehl. Die liberalen Mentalitäten werden in ihrer Angst vor der Religion, die konservativen Einstellungen in ihrer Angst vor der Chaosmacht der Sexualität bestätigt.

Kirche und Theologie haben aus diesem Dilemma nur einen Ausweg. Sie müssen sich von der Fixierung auf die Institutionstheorie befreien und den Zusammenhang zwischen Gottesliebe und Lebenslust neu entdecken. Das wird in der Gegenwart nicht einfach durch die Repetition alter Rituale oder überlieferter Vorstellungen möglich sein. Formen der heiligen Hochzeit, wie sie hier aus der Vergangenheit vorgeführt worden sind, haben ihren sozialen und kulturellen Kontext gehabt und bleiben deshalb unwiederholbar[78]. Aber die Liebe Gottes ist auch heute noch wirksam und entzündet im menschlichen Herzen ein Licht, so daß sie ihrerseits in Liebe zu Gott und Jesus Christus entbrennen. Wenn Christ/innen aufhören, Gott gegenüber rein passivisch zu sein, wenn sie die Seligkeit einer aktiven Gottesbeziehung entdecken, wenn Gottes Liebe also in doppelter Richtung für sie und in ihnen Gestalt gewinnt, dann werden sie auch die Fähigkeit zur Gestaltung ihrer zwischenmenschlichen Beziehung finden. Sie werden sich dann mit Freuden (!) in den Institutionen bewegen. Sie werden aber auch dort, wo vorhandene Institutionen nicht allen Beziehungsmustern gerecht zu werden vermögen, nach neuen Strukturen suchen. Nicht nur die Not, auch die Liebe macht sehr erfinderisch. Und die Gottesliebe bremst die Lebenslust nicht, sondern beflügelt sie.

In beinah hymnischen Worten hat E. Cardenal diesen nicht soziologischen, nicht psychologischen, sondern religiösen Weg aus dem »ganz normalen Chaos der Liebe« beschrieben: »Es gibt Menschen, die sich mit einer fast mystischen Hingabe an die Freuden der Sinne klammern. Sie alle suchen Gott dort, wo Er nicht ist, und dieses Suchen und Nichtfinden führt sie zu Verzweiflung, Laster, Verbrechen, Wahnsinn oder Selbstmord. Sie suchen ihr Glück in so lächerlichen Dingen wie im Geld, im Alkohol oder im Vergnügen mit all der Kraft ihrer Sinne, die doch zum Schauen der Seligkeit bestimmt ist.

Dabei sind gerade die Menschen, die sich am heftigsten der Liebe, der Romantik oder dem Genuß der Sinne hingeben, auch am meisten befähigt, Gott zu lieben. Denn Ihn suchen sie ja gerade in all ihren Abenteuern, ohne Ihn je zu finden.

Wir wurden geschaffen für die Liebe von einem Gott, der die Liebe ist. Selbst das schwerste Leid und der heftigste Schmerz des Menschen haben ihren Ursprung in der Liebe.

Es gibt viele Arten unbefriedigter Liebe. Da sind die, die auf eine Liebe warten, die nie eintrifft. Da gibt es andere, die an der Bitterkeit einer verschmähten Liebe leiden. Es gibt verbotene Liebe oder unmögliche Liebe oder verlorene Liebe. Es gibt auch die fade Traurigkeit einer befriedigten Liebe, die doch nicht ausfüllt. Und alle diese Leben könnten bis zum Rand angefüllt sein mit Liebe, alle könnten ihre fast unbegrenzten Möglichkeiten der Zärtlichkeit und Hingabe voll ausleben, wenn sie sich ihrem eigenen Inneren zuwenden würden, zur Großen, Einzigen Liebe, die in ihnen pulsiert und atmet. Man kann sich kaum vorstellen, wie alle diese Leben verändert würden, wenn sie nur einmal den Versuch machten, diese Liebe aller Lieben zu finden.«[79]

Ist die Kirche mit der Ehe verheiratet?

Ist die Kirche mit der Ehe verheiratet?[1] In der Gegenwart kann man den Eindruck gewinnen: Ja. Jedenfalls gilt das für den Bereich der Evangelischen Kirche in Deutschland. Dort sind Entscheidungen von Kirchenleitungen und Verlautbarungen von kirchlichen Kommissionen noch immer und zunehmend stärker von der Maxime bestimmt, daß die Ehe für den christlichen Glauben die einzig legitime Sozialgestalt für partnerschaftliche Beziehungen und sexuelle Erfahrungen darstellt.

Das Kirchenamt der EKD hat am 1.12.1985 eine Stellungnahme der Familienrechtskommission zum Problembereich »Ehe und nichteheliche Lebensgemeinschaften« publiziert. Der entscheidende Grundsatz dieses Dokuments lautet: »Die christliche Kirche soll dazu helfen, daß Menschen die Ehe im Licht des Gebotes und der Verheißung Gottes sehen. Ihre Aufgabe ist es auch, den Sinn und die Tiefe menschlicher Beziehungen zu erschließen. Die Kirche darf Menschen nicht verurteilen, die eine nichteheliche Lebensgemeinschaft eingehen, zugleich aber deren Entscheidung nicht gutheißen und nicht verschweigen, daß die Menschen damit Gottes Angebot und Gabe und deren Sinn verfehlen. Sie wird auch Menschen in nichtehelichen Lebensgemeinschaften helfend und kritisch begleiten. Sie wird auch beim Zerbrechen einer nichtehelichen Lebensgemeinschaft die betroffenen Menschen nicht allein lassen«.[2] Dieser Grundsatz ist erkennbar um Differenzierung bemüht. Menschen, die in nichtehelichen Lebensgemeinschaften existieren, sollen nicht diskriminiert werden. Auf der anderen Seite aber ist die Bewertung der Lebensform, in der sie sich befinden, eindeutig. Ihre Entscheidung wird als »nicht gut« bezeichnet; wenn Menschen »Gottes Angebot und Gabe und deren Sinn verfehlen«, dann hat man diese plerophorische Aussage früher mit dem einfachen Begriff »Sünde« zusammengefaßt. Die Bindung an die Ehe, die die Amtskirche für den christlichen Glauben hier postuliert,

50

läßt sich mit dem klassischen Kennzeichen eben dieser Ehe charakterisieren. Es ist eine exklusive Bindung – letztlich gibt es gute, gott- und menschengemäße Partnerschaft nur in der Ehe. Und es ist auch eine zeitüberdauernde Bindung; soziale Entwicklungen, die die postulierte Exklusivität der Ehe gefährden, müssen vom Glauben als »nicht gut« abgelehnt und abgewertet werden.

I. Pastoraltheologische Anmerkungen

Der Pfarrer ist auch für unseren Zusammenhang eine Art Schlüsselfigur. Was nämlich in der evangelischen Kirche als gut und als böse gilt, das zeigt sich in dem, was er darf und was er nicht darf, auch und gerade in der Frage der Ehe- und Sexualmoral. Die theologische Ethik kann Phänomene wie Ehescheidung, Homosexualität, nichteheliche Lebensgemeinschaft noch so differenziert, interdisziplinär, nüchtern und undogmatisch behandeln, die kirchlichen Beratungsstellen können den Betroffenen bei ihren psychischen und sozialen Konflikten noch so engagiert und offen zu helfen versuchen, der eigentliche Indikator für ethische Werte im Protestantismus ist und bleibt der Pfarrer/die Pfarrerin. Sie sollen in ihrer Person darstellen, was gut ist. Und was sie nicht sagen, nicht tun und nicht leben dürfen, das muß als für die Kirche böse, verboten und unerträglich bezeichnet werden.

Mir ist dieser Sachverhalt zum ersten Male aufgegangen im Zusammenhang mit dem Fall Brinker. Bei aller Würdigung der Lebenskonflikte, in die homosexuelle Männer gestellt sind, hat der Theologische Ausschuß der VELKD damals erklärt: »die Kirche will nicht durch ihre Amtsträger ein Wegweiser in die Homosexualität sein.«[3] Sie will und sie kann homosexuelle Gemeindeglieder nicht ausschließen oder unter Kirchenzucht stellen. Sie will und sie kann aber verhindern, daß homosexuelle Männer in kirchliche Tätigkeitsbereiche gelangen und damit eine kirchenamtliche Anerkennung erfahren. In entsprechender Weise hat die

Familienrechtskommission der EKD ihren eben zitierten Grundsatz sofort ergänzt: »Von kirchlichen Amtsträgern muß um ihres Auftrags willen erwartet werden, daß sie die christliche Lehre von der Ehe in Verkündigung und Lebenspraxis bejahen.«[4]

In den kirchlichen Konflikten der Gegenwart sieht das praktisch so aus, daß junge Theologen/innen mit mehr oder weniger großem Druck dazu bewegt werden, vor der Ordination ihre offenen Beziehungen in ein eheliches Verhältnis zu transformieren[5], und daß Pfarrer, die sich zu ihrer homosexuellen Partnerschaft öffentlich bekannt haben, sich einem kirchlichen Amtszuchtverfahren stellen müssen[6]. Pfarrer sein darf nur, wer ehelich oder partnerlos lebt. Andere soziale Formen gelten als »nicht gut« und werden von der Kirche dort, wo sie Macht hat, nicht toleriert. In diesem Tatbestand sind Entscheidungen von erheblicher Tragweite enthalten.

1.1 Es besteht die Gefahr, daß sich die Kirche der Reformation, die eine Kirche des allgemeinen Priestertums ist, zu einer Zwei-Klassen-Gesellschaft entwickelt. Da gibt es auf der einen Seite Mitglieder, die nur als Objekte kirchlicher Betreuung, als Adressaten von Seelsorge und Diakonie in Frage kommen. Wie ja auch das Dokument der Familienrechtskommission ausdrücklich versichert: »Sie wird auch Menschen in nichtehelichen Lebensgemeinschaften helfend und kritisch begleiten.« Und da gibt es auf der anderen Seite handlungsfähige Subjekte im eigentlichen Sinn, Männer und Frauen, die Pfarrer werden und deshalb im spezifisch kirchlichen Sinn der Verkündigung und Sakramentsverwaltung aktiv sein dürfen, weil sie die Bedingung erfüllen, in kirchlich sanktionierten Lebensformen zu existieren.

1.2 Damit droht sich auch in der evangelischen Kirche eine Zwei-Stufen-Moral zu entwickeln, wie man sie in der Geschichte der alten und der mittelalterlichen Kirche verfolgen kann. Das Ideal totaler sexueller Askese, das in den Anfängen viele Christen fasziniert hat, war auf die Dauer aus verschiedenen Gründen nicht durchzusetzen. Die Lösung, die sich im Lauf der Zeit durchgesetzt hat, bestand darin, daß wenigstens die Kleriker, Priester und

Mönche, das praktizieren mußten, was man ursprünglich von allen Christen erwartet hat. Eine ähnliche Tendenz scheint sich jetzt abzuzeichnen, wenn man auch in Familien von Kirchenführern beobachten kann: Die eigenen Kinder leben im Konkubinat, aber die Pfarrer müssen auf jeden Fall verheiratet sein.

1.3 Dadurch hat das Eheinstitut insgesamt eine kirchengeschichtlich gesehen ungeheuere Aufwertung erfahren. Die Ehe ist nicht mehr, wie mindestens in den ersten Jahrhunderten, ein problematisches Phänomen, sondern sie ist zur positiven Norm geworden, zum Entscheidungskriterium etwa bei Anstellungsfragen, und in Einzelaussagen beinahe in die Nähe eines Glaubensartikels gerückt.

Auch dafür hat der Fall Brinker erstaunliches Anschauungsmaterial geliefert. Der Ausschluß von homosexuellen Pfarrern aus dem kirchlichen Amt wird heute nicht mehr mit den klassischen Argumenten begründet, wie man sie in der Kirche immer wieder verwendet hat. Homosexualität wird in den kirchlichen Äußerungen nicht mehr, biblisch gesprochen, als »Sünde« bezeichnet oder mit der medizinisch-psychologischen Terminologie des vorigen Jahrhunderts als »Perversion« eingestuft. Beide Begriffe tauchen in den kirchlichen Verlautbarungen wie in den Entlassungsbegründungen nicht mehr auf. Vielmehr dient jetzt das Ehe-Institut als Grundlage für das kirchliche Berufsverbot, so in der Stellungnahme des Kirchenamtes der VELKD: »Die öffentliche Verkündigung der Kirche ist jedoch in dem Augenblick berührt, in dem ein kirchlicher Mitarbeiter oder Pastor eine homosexuelle Partnerschaft als der Ehe gleichwertig in seiner Verkündigung und in seinem Leben in der Kirche vertritt.«[7] Hier wird ein unmittelbarer Zusammenhang zwischen Ehe, Verkündigungsauftrag und Verkündigungsinhalt hergestellt. Die lebenspraktische Bejahung der Ehe ist die Voraussetzung für die Wahrnehmung des Verkündigungsauftrags. Das ist aber nur deswegen sinnvoll, weil die prinzipielle und exklusive Bejahung der Ehe zum Inhalt der Verkündigung, mindestens zum Inhalt der christlichen Lehre gehört.

Ist das der Fall? Inwieweit bildet die Ehe einen konstitutiven Bestandteil des christlichen Bekenntnisses? Ist nicht nur die Kirche, sondern auch der Glaube unabdingbar an die Ehe gebunden?

II. Theologische Anmerkungen

A. Niebergall, dem wir die letzte umfangreiche Darstellung über »Ehe und Eheschließung in der Bibel und in der Geschichte der alten Kirche« verdanken, sagt über die urchristliche Auffassung von der Ehe: »Überblickt man die Geschichte des Urchristentums im Blick auf die Einstellung zur Ehe, so läßt sich insgesamt eine gewisse, bisweilen tiefgreifende Unsicherheit in Anschauung und Verhalten nicht übersehen.«[8] Die Auskünfte und Anweisungen, die das Neue Testament gibt, reichen »von einer unproblematischen Bejahung der Ehe bis zu einer Empfehlung, ehelos zu bleiben, ja bis zu einer Warnung vor der Ehe«[9].

Diese Unsicherheit läßt sich auch in der Kirchengeschichte an vielen Stellen konstatieren. Sie manifestiert sich meistens in Form einer Abwertung von Ehe, Leiblichkeit, Sexualität. Sie drückt sich seltener als religiöse Überhöhung der »Heiligen Hochzeit« aus, und dann größtenteils in mystisch sublimierter Gestalt. Einzigartig ist freilich die Exklusivität, mit der in der Gegenwart eine profane Institution theologisch legitimiert werden soll. Ob man aus der theologischen Vollmundigkeit, die manche kirchlichen Verlautbarungen in der Gegenwart charakterisiert, auch auf eine zugrunde liegende Unsicherheit schließen darf?

Die Unsicherheit, die die kirchliche Einschätzung der Ehe durch die Jahrhunderte hin begleitet, mag damit zusammenhängen, daß sich in diesem Phänomen für den christlichen Glauben ein Testfall verbirgt, ein Testfall für die Lösung elementarer Spannungen, die ihn von Anfang an konstituieren. In der Bewertung der Ehe geht es psychologisch gesehen um das Verhältnis von Glauben und Leben, um die Frage also, inwieweit der christliche Glaube ein positives Verhältnis zur Vitalität zu gewinnen vermag. In der Bewertung der Ehe geht es kosmologisch gesehen um das Verhältnis von Schöpfung und Erlösung, theologisch um die Frage, inwieweit der Gott der Erlösung mit dem Gott der Schöpfung identisch ist. In der Bewertung der Ehe geht es schließlich soziologisch gesehen immer auch um das Verhältnis von Kirche und Staat, um die Frage, wer über den intimsten Bereich menschlicher Lebenspraxis das Recht und die Macht hat, wer die Erziehung der künftigen Generationen bestimmt und wer die Normen des menschlichen Zusammenlebens fixiert. Schließlich geht es im tiefenpsychologischen Hintergrund bei alledem auch um die Frage nach dem Zusammenhang von unseren Selbstbildern und unseren Gottesbildern, um die humane Integration eines Triebes, der aus der christlichen Gottesvorstellung grundsätzlich ausgeschlossen ist.

2.1 Das Christentum hat die Ehe nicht installiert, sondern in unterschiedlichen Rechts- und Sozialformen vorgefunden, unter Schwierigkeiten akzeptiert und teilweise modifiziert. Die Ehe, wie man sie innerhalb und außerhalb der Bibel vorfindet, ist ein Rechtsgeschäft, eine soziale Handlung gewesen, die im Alten Testament, aber auch in Rom zur Zeit des Urchristentums ohne religiöse Förmlichkeiten vollzogen wurde.

Polygynie ist für das Alte Testament eine weithin selbstverständliche Gegebenheit. Umgekehrt läßt sich auch im Judentum und im Hellenismus um die Zeitenwende herum eine starke Tendenz zu einem partnerschaftlichen Eheverständnis konstatieren. M. Foucault hat gezeigt, wie in der hellenistischen Zeit die Intimität, die Singularität und die Exklusivität der ehelichen Partnerbeziehung entdeckt wird: »Wenn das Verhältnis zu einer Frau, die ›die Frau‹, ›die Gattin‹ ist, wesentlich ist für die Existenz, wenn das Menschenwesen ein paariges Individuum ist, dessen Natur sich in der Praxis des geteilten Lebens erfüllt, dann dürfte es keine grundlegende Unverträglichkeit geben zwischen dem Verhältnis, das man zu sich, und der Beziehung, die man zum anderen herstellt. Die Kunst der Eheverbindung ist integraler Bestandteil der Kultur seiner selber.«[10] In unserer Sprache würden wir sagen, Selbstverwirklichung und eheliche Partnerschaft in Treue und Ausschließlichkeit werden von den aufgeklärten Philosophen der damaligen Zeit gerade nicht als Gegensatz angesehen. Im Hintergrund mögen ökonomische Veränderungen, gesellschaftliche Umbrüche, auch psychohistorische Entwicklungen gestanden haben, die eine neue Einschätzung der Beziehung zwischen Mann und Frau hervorgebracht haben. Wichtig ist in diesem Zusammenhang nur: Noch nicht einmal die Ausschließlichkeit einer Partnerbeziehung, wie sie sich im neutestamentlichen Scheidungsverbot ausdrückt, ist total singulär. Gewiß stammen die Belege, die Foucault anführt, aus anderen gesellschaftlichen Zusammenhängen, sie drücken einen anderen Lebensstil aus und werden auch mit anderen Argumentationsmustern vorgetragen. Aber die Wirkung des christlichen Monogamiepostulats läßt sich nur verständlich machen, wenn man sie mit Tendenzen der damaligen Zeit in Zusammenhang setzt. Wenn man es etwas romantisierend ausdrücken will, kann man sagen: Jesus hat mit seinem Scheidungsverbot den Liebenden aus dem Herzen gesprochen. Denn jede Liebe, die dem anderen als einem freien Partner gilt, will ihre eigene Dauer. Insofern ist die lebenslange Einehe das institutionelle Pendant jeder wirklich humanen Liebe, wie sie von einem bestimmten Zeitpunkt der Gattungsentwicklung an zwischen Menschen möglich geworden ist[11].

2.2 Wenn diese Hinweise zutreffen, dann bedarf die gängige Redeweise von der »christlichen« Ehe einer erheblichen Relativierung. Das Christentum hat die Ehe als institutionelle Gegebenheit vorgefunden und nicht selber geschaffen. Es hat sich aber auch bei der Formulierung der menschlichen Einstellungen und Haltungen, die das eheliche Leben tragen und prägen sollen, weitgehend auf überliefertes Material gestützt. Das kann man schon an den sogenannten Haustafeln des Neuen Testaments studieren. »Die Normen für die nun nötig werdenden Verhaltensweisen übernimmt man aus der zeitgenössischen Ethik, u.a. in Gestalt der

Haustafeln, allerdings in der modifizierten Form, die der Glaube an Christus notwendig macht.«[12] Die notwendigen Modifikationen betreffen vor allem die Stellung der Frauen, die nun nicht mehr zu einer einseitigen Unterordnung aufgerufen werden, vielmehr wird dem Verhältnis zwischen Christus und der Kirche gemäß von beiden Partnern nun eine wechselseitige Unterordnung verlangt (Epheser 5,22ff.); aber auch solche Bemühungen um eine Aufwertung der Frauen in der Ehe hat es ja ansatzweise schon in der Umwelt gegeben.

Aus diesen historischen Einsichten muß man theologische Konsequenzen ziehen. Sie lassen sich in der These zusammenfassen: Man lebt als Christ nicht in einer christlichen Ehe, die weder historisch noch ethisch eindeutig zu fixieren ist, sondern man kann als Christ auch in der Ehe seinen christlichen Glauben leben. Die Ehe als lebenslange Gemeinschaft zwischen einem Mann und einer Frau ist ja für Nichtchristen nur zumutbar, wenn es sich bei ihr um keine spezifisch christliche Institution handelt und wenn auch keine spezifisch christlichen Haltungen und Einstellungen erforderlich sind, um das eheliche Leben anständig und glücklich zu absolvieren.

2.3 Die Unsicherheit im Verhältnis zur Ehe kommt heute darin zum Ausdruck, daß es kirchlichen Stellungnahmen sehr schwerfällt, das faktische Nebeneinander von Ehe und anderen Gestaltungsformen für partnerschaftliche Beziehungen sachlich und gelassen zu akzeptieren. Immer wieder kann man Reaktionsmechanismen beobachten, die die Phänomene verzerren und einseitig am Leitbild einer ideal geführten Ehe messen. Dazu zähle ich folgende Verhaltensmuster:

Der Anspruch der alternativen Lebensformen wird überschätzt, als ginge es ihnen darum, die Ehe aufzulösen oder zu ersetzen. Deutlich ist eine solche Verzerrung in der Einschätzung der homosexuellen Pfarrer zu konstatieren, die faktisch nicht daran denken, ihre Lebensform »als der Ehe gleichwertig« in ihrer Verkündigung zu deklarieren.

Ebenso kommt es sehr leicht zur Verzerrung der Motive, die Menschen zur Entwicklung und Inanspruchnahme alternativer Beziehungsformen geführt haben. So charakterisiert das Dokument der Familienrechtskommission die Motivation mit den Stichworten »Aufschub«, »Verweigerung« und »Nützlichkeitserwägungen« und bestimmt diese Motive damit allein an der vorausgesetzten Norm Ehe. Ähnlich kann es eine Verzerrung bedeuten, wenn behauptet wird, daß sich im Verzicht auf die Ehe generell eine Verachtung dieses Instituts ausdrückt. Es kann gerade der hohe Respekt davor sein, der einzelne davon abhält, zum jetzigen Zeitpunkt eine Ehe schon einzugehen.

Schließlich kommt es immer wieder auch zu einer Dramatisierung der Folgen, die mit der Freigabe alternativer Lebensformen unvermeidlich verbunden seien. Die kirchliche Anerkennung von Homosexualität würde das biologische Aussterben des Volkes beschleunigen. Oder die nichtehelichen Lebensgemeinschaften tendierten im Kern zum Versuch einer grundlegenden Umgestaltung unseres Gesellschaftssystems. Ehe, Privateigentum und Staat bilden für manche immer noch eine heilige Einheit, die die Kirche auf jeden Fall stützen und verteidigen muß.

Schließlich wird das Eheproblem mancherorts zur Bekenntnisfrage hochstilisiert, auch das ein Indiz für eine theologische Verwirrung, die letztlich auf Unsicherheit beruht. So hat die Kirchenkonferenz der EKD drohend erklärt: »Als von Gott gegebene Lebensgemeinschaft ist die Ehe der Verfügung durch Staat und Gesellschaft entzogen.«[13] Was damit inhaltlich gemeint ist, kommt in einem Aufsatz sehr viel deutlicher zur Sprache: »Würde unser Staat die freien Lebensgemeinschaften der Ehe rechtlich gleichstellen, dann wäre für die Kirche der status confessionis gegeben.«[14]

All diese Reaktionsmuster signalisieren, daß sich die kirchlichen Verlautbarungen in eine Defensivposition hineinmanövriert haben. Sie wollen die Ehe verteidigen aus der Unterstellung heraus, daß die Ehe angegriffen wird. Diese Unterstellung ist aber nur möglich auf der Basis der Annahme, daß jede soziosexuelle

Beziehung zwischen Menschen eigentlich nur im Rahmen der ehelichen Lebensgemeinschaft erfolgen darf. Dieser Annahme ist aus theologischen Gründen zu widersprechen.

2.4 Die Ehe, wie sie sich im Lauf der Gattungsgeschichte und im Lauf der biblischen Überlieferung entwickelt hat[15], bildet in der Tat die Hochform menschlicher Beziehungskultur. Sie intendiert bei ihrem Zustandekommen und bei ihrer Gestaltung die freie Kommunikation der Ehepartner. Indem sie als Institut weder allein auf ökonomischen Interessen noch allein auf den schwankenden Affekten der Beteiligten aufbaut, werden diese zugleich entlastet und vor eine lebenslange Aufgabe gestellt. Indem sie auf Dauer angelegt ist, entspricht sie dem Willen der Liebe, auch wenn die Gefühle der Liebe angesichts der Ambivalenz aller menschlichen Beziehungen sich im Laufe der Zeit unvermeidlich verändern. In alledem ist die Ehe als weltliches Institut »Gottes Angebot und Gabe«.

Aber es wäre eine Verleugnung der geschichtlichen Realität und der gesellschaftlichen Wandelbarkeit, wenn die Kirche das Ehe-Institut ideologisieren würde, wenn sie daraus eine heilige Ordnung machen wollte, die der Veränderungsfähigkeit entzogen und an die der Glaube auf Gedeih und Verderb gebunden ist.

Es muß nicht eine Bedrohung der Humanität darstellen, sondern eine positive Erweiterung menschlicher Verhaltensmodalitäten, wenn sich in unserer Zeit alternative Formen der Lebensgestaltung entwickeln. Sie werden, wenn sie etwa nicht prinzipiell auf Dauer angelegt sind, eine andere interne Beziehungsstruktur aufweisen und deshalb auch mit teilweise anderen Konfliktmöglichkeiten belastet sein. Die Machtprobleme, die Wünsche und Ängste zwischen den Partnern werden sich teilweise anders darstellen, und ebenso wird es einen teilweise veränderten Bedarf an rechtlicher Regelung geben. Aber es wäre einseitig, die institutionelle Qualität dieser Lebensformen allein am Leitbild der Ehe messen zu wollen[16]. Die Gruppe der Homosexuellen zeigt deutlich genug, daß es erhebliche Bevölkerungsteile gibt, für die die herkömmliche Ehe kein Angebot einer partnerschaftlichen Lebensgemeinschaft bereitgestellt hat. Sie, aber wohl auch andere Gruppen, fielen jahrhundertelang aus dem Netz anerkannter Sozialformen heraus. Und es stünde einer Kirche, die das Evangelium vertreten will, wohl an, wenn sie daran mitwirken würde, in der Gesellschaft das Repertoire sozialer Gestaltungsformen für menschliche Beziehungen zu erweitern.

III. Praktische Anmerkungen

Die Evangelische Kirche in Deutschland hat in diesem Jahrhundert zwei gravierende Lernprozesse durchstehen müssen. Sie hat einsehen müssen, daß das, was man früher Schöpfungsordnung Staat genannt hat, nicht mit Monarchie oder Diktatur identisch ist, sondern sich auch in einer demokratischen Verfassung darstellen kann. Ebenso hat sie einsehen müssen, auch wenn sie damit bis heute Schwierigkeiten hat, daß die Schöpfungsordnung Eigentum nicht unbedingt das freie Verfügungsrecht von Privateigentümern über die Produktionsmittel meint, sondern daß um der sozialen Gerechtigkeit willen andere Gestaltungsformen eventuell zu bevorzugen sind. Die Evangelische Kirche in Deutschland wird auch einsehen müssen, daß die soziale Gestaltung der Mann-Frau-Beziehung verantwortlich und human nicht allein im Rahmen des überlieferten Ehemodells erfolgen muß, schon deswegen nicht, weil dieses Modell nicht allen Beziehungsphänomenen gerecht wird.

Die Hochschätzung der Ehe und die Anerkennung anderer Lebensformen könnte die Kirche lernen, wenn sie genau genug in ihre Vergangenheit blickt, wenn sie ernsthaft die gesellschaftliche Situation der Gegenwart analysiert und wenn sie auch über ihre eigenen Grenzen in die Ökumene schaut.

3.1 Bei den großen Theologen der Rechtfertigungslehre, bei Paulus und bei Luther, kann die Kirche lernen, daß sie gerade im

Bereich von Ehe- und Sexualmoral immer in der Gefahr steht, menschliche Meinungen mit dem Gebot Gottes zu verwechseln.

Paulus hat die Freiheit des Evangeliums gegen die Forderung nach der Beschneidung behauptet. Freiheit vom Gesetz, das bedeutet für ihn: Man muß sich keinem aggressiven Eingriff gegen die eigene Vitalität unterziehen, um Christ werden zu können. Auf der anderen Seite hat der Apostel sich selber bei dem Versuch ertappt, seinerseits ein neues Gesetz aufzurichten. Die erkennbare und aufregende Spannung bei der Lektüre von 1. Korinther 7 ergibt sich daraus, daß Paulus auf der einen Seite Ehelosigkeit für die dem christlichen Glauben gemäßere Lebensform hält: »Wer also seine Jungfrau heiratet, der handelt gut; wer sie aber nicht heiratet, der handelt besser« (v. 38). Auf der anderen Seite aber ist er schon vorher sich selbst gegenüber in eine deutliche Distanz gegangen: »Über die Jungfrauen habe ich kein Gebot des Herrn« (v. 25). Man möchte der Kirche wünschen, daß sie diese Fähigkeit des Apostels, zwischen der eigenen Meinung und dem Gebot des Herrn zu unterscheiden, auch heute aufzubringen vermag.

Luther hat sich zu Ehefragen immer wieder deswegen äußern müssen, weil Ehe und Trauung praktisch erst im späten Mittelalter in die Obhut der kirchlichen Gesetzgebung und ihrer sakramentalen Verwaltung geraten waren. In der Schrift »Von Ehesachen« (1530) stellt er eindeutig fest, »daß die Ehe ein äußerlich weltlich Ding ist, wie Kleider und Speise, Haus und Hof, weltlicher Obrigkeit unterworfen«, und vehement distanziert er sich von dem abschreckenden Vorbild, das der Papst geliefert hat: »Mir graut vor dem Exempel des Papstes, welcher auch sich zunächst in das Spiel eingemischt und solche weltlichen Sachen an sich gerissen hat, solange bis er ein weltlicher Herr über Kaiser und Könige geworden ist.«[17] Papst und Schwärmer haben nach Luther darin ihre fragwürdige Gemeinsamkeit, daß sie neue Glaubensartikel setzen. Und wer das weltliche Institut der Ehe religiös-ideologisch zu überhöhen versucht, gerät sehr schnell in diese unangemessene Gesellschaft.

3.2 Natürlich haben die kirchlichen Verlautbarungen auch recht, wenn sie die Ehe für bedroht halten. Aber die Gefahr lauert nicht auf jener Seite, auf der man kirchlicherseits die Bedrohung vermutet. Die Krise der Ehe und anderer Beziehungsformen ist nicht von denen verursacht, die nach neuen Lebensformen suchen. Das »Ja« zur Ehe, das 1981 die leitenden Bischöfe der beiden großen Konfessionen artikuliert haben, klingt glaubwürdig und wirksam nur, wenn es von einem eindeutigen Nein zu den lebenszerstörerischen Kräften in unserer Gesellschaft begleitet wird. Liebe zwischen Menschen ereignet sich heute im Kontext ihrer gesellschaftlichen Unmöglichkeit, Liebe heute ist »Liebe in den Zeiten der Cholera« (G.G. Marquez).

Wenn Menschen auf dem Arbeitsmarkt zur Ware werden, dann werden sie sich auch in ihren personalen Beziehungen als Konsumartikel betrachten. Wenn entfremdete oder verweigerte Arbeit dem Menschen im Bereich gesellschaftlicher Produktion keine Sinnerfahrungen mehr vermitteln kann, dann werden Ehe und andere Beziehungen mit Erwartungen auf Sinnerfüllung belastet, die nicht realistisch sind und jede Zweier-Beziehung in tiefreichende Frustrationen stürzen. Ehe und Familie können keine Zuflucht mehr bieten, sondern werden zum Ort, an dem die gesellschaftlichen Konflikte von deren Opfern ausagiert werden; das gilt für Frauen, die von ihrer Doppel- und Dreifach-Rolle überfordert sind, für Schichtarbeiter und Arbeitslose, für Aufsteiger, deren Karrieremuster die Vernachlässigung der Familiensphäre selbstverständlich einschließt.

Ehe- und Beziehungskonflikte sind bei den Individuen immer auch als Stellvertretungskonflikte für soziale Spannungen zu interpretieren. Und auch die Kirche, die die Ehe so energisch verteidigen will, führt an dieser Stelle wohl einen Stellvertreterkrieg gegen Mächte der Lebenszerstörung, die sich in der Zerstörung der Natur, der Religion, in der Ausbeutung von Menschen und im Wahnsinn der Rüstung sehr viel deutlicher austoben.

3.3 Ist die Kirche mit der Ehe verheiratet? Nicht unbedingt. Der Kirchenrat des Kantons Zürich hat 1985 vor der Kirchensynode eine Stellungnahme abgegeben, die wesentlich differenzierter ausfällt als die offiziellen Äußerungen der EKD.

Die Grundlage dafür bietet die Unterscheidung zwischen Beziehungsebene und Institutionsebene. Auf der institutionellen Ebene sieht der Kirchenrat zwei Funktionen, die in spezifischer Weise die Ehe erfüllt: »Sie unterstreicht die öffentliche Bedeutung einer Paarbeziehung, und sie schützt sie.« Gleichzeitig aber präsentiert er eine ausführliche Liste von Werten und Wertepaaren, »welche die christliche Ethik ... im heutigen Zeitpunkt für eine Partnerschaft als entscheidend ansieht«: Freude, Ganzheitlichkeit, Partnerschaft, Verantwortung, Vergebungsbereitschaft, Vertrauen/Treue, Glaube, Freiheit und Gemeinsamkeit, Hingabe und Selbstkontrolle im Bereich der Sexualität, Sozialität und Geschichtlichkeit. In dieser Hinsicht ergibt der Vergleich zwischen Ehe und nichtehelichen Lebensgemeinschaften keinen qualitativen Unterschied: »Wenn man als Beurteilungskriterium für Ehe und Konkubinat die Frage nimmt, wieweit die genannten ethischen Werte in der jeweiligen Beziehung eine Rolle spielen, so zeigt sich zwischen Ehe und Konkubinat grundsätzlich kein großer Unterschied. In beiden können diese Werte eine Rolle spielen, in beiden können sie fehlen. Die offizielle Heirat gibt noch keine Garantie, daß diese Werte besser zur Geltung kommen als in einem Konkubinat. Ethisch fragwürdig (im Sinne von Schuld und Sünde) ist also nicht das Leben in einem Konkubinat, sondern nur die Mißachtung der grundlegenden Werte.« Es bleibt zu wünschen, daß diese Stimme aus der Ökumene auch in Deutschland gehört wird und daß sich auch die deutsche evangelische Kirche aus der zwanghaften Bindung an das nicht hoch genug einzuschätzende Institut der Ehe zu befreien weiß.

3.4 Ist die Kirche mit der Ehe verheiratet? Natürlich nicht und auf keinen Fall. Die Kirche ist, wie es eine traditionelle Metapher ausdrückt, »Braut ihres Herrn«. Es gibt nur eine exklusive, zeitüberdauernde Bindung für die Gemeinde, die Liebe und Treue zu Jesus Christus.

Vielleicht hängt der gefährliche kirchliche Flirt mit dem Ehe-Institut auch damit zusammen, daß man in der Kirche, besonders im Protestantismus, vergessen hat, was wirkliche Liebe ausmacht. Libido als Lebensenergie kommt in der Theologie und auf kirchlichen Tagungen fast ausschließlich als ethisches Problem zur Sprache, als Phänomen, das zu kontrollieren und zu reglementieren ist. Daß es auch eine »Metaphysik des Sexus«[18] geben kann, muß dann merkwürdig oder gar lästerlich klingen. Libido ist aber keineswegs nur ein ethisches Problem, sondern eine elementare Triebkraft des Lebens. Wir existieren, weil es Libido gibt. Das Leben geht weiter, weil Libido Lebewesen verbindet. In allen Akten der Kommunikation ist auch Libido dabei. Und selbst zur Religion, zum christlichen Glauben gehört normalerweise immer eine intensive sublimierte Liebesbeziehung Gott und Jesus gegenüber.

Die Kirche wird Institutionen hörig, wenn sie sich nicht mehr als Braut Christi versteht. Der Pfarrersohn Ingmar Bergmann hat in den »Szenen einer Ehe« dies grundlegende Defizit, das gerade auch protestantische Religiosität charakterisiert, auf den Begriff gebracht: »emotionale Analphabeten«.

Gottesdienst am Scheideweg

Lebenskrisen wecken Handlungsbedarf. Wenn Menschen in Schwierigkeiten geraten, versuchen Personen und Institutionen, ihnen zu helfen. Im Krankheitsfall sollen Ärzte und Kliniken für Heilung sorgen. Wenn Unrecht geschieht, sollen Polizisten und Juristen die Opfer schützen und die Täter zur Rechenschaft ziehen. Wenn eine menschliche Leiche zu beseitigen ist, werden Bestattungsunternehmen und Pfarrer/innen aktiv.

Daß die Religion an den entscheidenden Wendepunkten des Lebens, bei Geburt und Tod, beim Eintritt in die Jugendzeit, bei der Eheschließung, menschliche Lebenskrisen begleitet, halten deshalb mittlerweile fast alle für selbstverständlich, auch wenn die kirchlichen Angebote nicht mehr von allen in Anspruch genommen werden. Seit einigen Jahren tauchen aber regelmäßig Meldungen auf, die von einer neuen Kasualhandlung berichten. Nach der Scheidung ihrer Ehe erbitten die beiden Betroffenen noch einmal ein religiöses Ritual. Sie haben ihre Ehe mit einer kirchlichen Trauung begonnen, sie wollen ihre Ehe auch mit einer gottesdienstlichen Handlung beenden. Was ist von einem solchen Ansinnen zu halten?

Die Einwände liegen auf der Hand. In der Liturgiegeschichte des Christentums gibt es für einen solchen Akt keine erkennbare Tradition. Leicht kann auch der Verdacht entstehen, es solle dabei der Wille Gottes zur Rechtfertigung von menschlicher Schuld und von menschlichem Scheitern mißbraucht werden. Und schließlich stellen manche die Frage, ob eine so persönliche Angelegenheit wie die Ehescheidung überhaupt in den Rahmen eines öffentlichen Gottesdienstes hineinpaßt. Jedenfalls werden es immer nur ganz wenige Paare sein, die das Ende ihres gemeinsamen Lebens auf diese Weise begehen wollen.

Lebenskrisen wecken Handlungsbedarf, auch im Raum der Kirche. Die anderen Kasualhandlungen, an die sich inzwischen alle gewöhnt haben, haben selber erst im Lauf der Geschichte ihre gegenwärtige Bedeutung gewonnen. Taufe und Beerdigung, Trauung und Konfirmation sind dabei nicht nur auf individuelle und familiäre Krisen bezogen gewesen, sondern verdanken ihre Entstehung auch kritischen Situationen von Kirche und Gesellschaft.

So war die Taufe ja ursprünglich keine Familienfeier, sondern Aufnahmeritus in die Gemeinde der Heiligen; durch die Teilnahme an dieser Handlung setzten sich Christen von der heidnischen Umwelt ab. Auch die Tatsache, daß schon sehr früh eine kirchliche Bestattung eingeführt wurde, hängt mit dieser kritischen Einstellung gegenüber der Umwelt zusammen. Die kirchliche Beerdigung wollte keine Form des Totenkults sein, wie er in der Spätantike gepflegt wurde, sondern sollte die Verstorbenen der Macht und der Gnade Gottes befehlen.

Während Taufe und Beerdigung vor allem aus dem kirchlichen Bedürfnis nach Abgrenzung gegenüber der ungläubigen Umgebung erwachsen sind, sind kirchliche Trauung und Konfirmation aus gesellschaftlichen Impulsen entstanden. Die kirchliche Trauung ist kaum älter als 500 Jahre und sicherte im späten Mittelalter u.a. die selbständige Entscheidung der Frauen[1]. Während die Heirat vorher ein rein privatrechtlicher Akt zwischen zwei Familien war, kam durch den kirchlichen Ritus eine dritte Größe ins Spiel. Vorher war die Braut der Vereinbarung, die Brautvater und Bräutigam miteinander ausgehandelt hatten, eigentlich wehrlos ausgeliefert. Jetzt erhielt sie immerhin die Chance, im kirchlichen Ritual an der entscheidenden Stelle ihre Zustimmung zu verweigern. Durch die Einführung der kirchlichen Trauung wurde die Stellung der Frau als Rechtsperson verbessert.

Ähnlich ist es mit der Konfirmation gewesen, die ja noch sehr viel jüngeren Datums ist und sich erst seit ca. 250 Jahren in den Landeskirchen durchgesetzt hat. Ihr Aufkommen hängt mit der Entdeckung von Kindheit und Jugend als einer eigenständigen Lebensphase zusammen und unterstreicht wiederum die Bedeutung der individuellen Person. Das Glaubensbekenntnis, das Eltern und Paten bei der Taufe des Säuglings abgelegt haben, soll das Kind beim Übergang in die Erwachsenenwelt selbständig wiederholen.

Lebenskrisen wecken Handlungsbedarf. Wenn heute der Wunsch nach einer gottesdienstlichen Handlung im Anschluß an die vom Staat ausgesprochene Ehescheidung auftaucht, dann ist das zunächst nur ein Signal, wie verbreitet die Krise der Ehe und wie groß die Zahl der Ehescheidungen ist. Man braucht dieses Scheitern des eigenen Lebensplans nicht mehr unbedingt zu verstecken. Die gut gemeinten Ratschläge, man solle sich mit einer kirchlichen Beratung, einer Beichte oder einer gemeinsamen Andacht zufrieden geben, übersehen einen wesentlichen Aspekt, der hinter diesem Wunsch nach einer gottesdienstlichen Handlung steht. Die Betroffenen schämen sich dessen nicht, daß sie ihre Lebensgemeinschaft nicht fortsetzen können. Sie stehen zu dieser Entscheidung, auch vor der Gemeinde, auch am Altar. Und sie möchten das, was sie in einem öffentlichen gottesdienstlichen Akt begonnen haben, auf dieselbe Weise zu Ende bringen.

»Wenn jemand eine Frau zur Ehe nimmt und sie nicht Gnade findet vor seinen Augen, weil er etwas Schändliches an ihr gefunden hat, so soll er einen Scheidebrief schreiben und ihr in die Hand geben und sie aus seinem Hause entlassen« (5. Mose 24,1). Im Alten Testament wurde das Scheidungsritual vermutlich allein zwischen dem Mann und seiner bisherigen Frau vollzogen. Spätestens seit der Rabbinerversammlung, die 1040 in Worms stattgefunden hat, ist daraus ein religiöser Ritus geworden, der die Anwesenheit dreier gesetzeskundiger Zeugen notwendig macht, darunter eines qualifizierten Rabbinen. Der Vorgang ist entprivatisiert. Die Beschaffung und Zubereitung der Schreibmaterialien, die Festlegung des Wortlauts, die Ausstellung und die Übergabe des Dokuments sind zu einem religiösen Ritual geworden, das sich in vieler Hinsicht mit der Anfertigung einer Torarolle vergleichen läßt. Bis heute ist deshalb im Judentum umstritten, wie sich der religiöse und der staatliche Scheidungsakt zueinander verhalten[2].

»Es ist auch gesagt worden: ›Wer seine Frau entläßt, der soll ihr einen Scheidebrief geben‹. Ich aber sage euch: ›Wer seine Frau entläßt, außer wegen Unzucht, der bewirkt, daß ein anderer die Ehe mit ihr bricht; und wer eine Geschiedene heiratet, der bricht die Ehe« (Matthäus 5,31f.). Jesus hat die Möglichkeit der Ehescheidung bis auf die eine Ausnahme, die der Text nennt, eingeschränkt, ohne sich dadurch von entsprechenden Regelungen im Judentum grundsätzlich zu unterscheiden. Und anders als bei den anderen Forderungen, wie etwa dem Tötungs- und dem Eidverbot, hat die Kirche diesen Satz der Bergpredigt lange Zeit als ein hartes Verhaltensgesetz praktiziert. Eine Scheidung durch einen kirchlichen Akt religiöser Qualität hat es deshalb nie gegeben und wird es wohl auch nie geben. Diskutiert werden kann und muß aber die Frage, ob nicht eine gottesdienstliche Handlung im Anschluß an die staatliche Scheidung sinnvoll sein könnte. Kann die Trennung, die das Scheidungsurteil »im Namen des Volkes« ausgesprochen hat, von den Beteiligten auch »im Namen Gottes« vollzogen werden?

Lebenskrisen wecken Handlungsbedarf. Trennungsrituale gibt es auch sonst in der Kirche. Nicht jedes Sterben, das eine Beerdigungshandlung ausgelöst hat, kann direkt auf den Willen Gottes zurückgeführt werden; dennoch werden auch bei einem schuldhaften Autounfall die Verstorbenen »im Namen Gottes« zu Grabe getragen. Und wenn sich Kinder nach vielen Konflikten aus dem Elternhaus verabschieden, dann sind nicht nur gute Ratschläge und finanzielle Versprechungen angesagt; dann steht die Frage nach dem Segen im Raum, der die Ausziehenden in die neue Lebensphase begleitet.

Was könnte und sollte ein Ritual, das nicht den biologischen Tod, sondern das soziale Sterben verarbeiten hilft, an Einzelelementen enthalten? Die Schriftstellerin Svende Merian hat schon 1985 einen Band »Scheidungspredigten« veröffentlicht, in dem evangelische und katholische Theolog/innen Ansprachen und gottesdienstliche Formulare aus ihrer Praxis vorgelegt haben[3]. In verschiedenen Variationen und Kombinationen wird in diesem Buch deutlich, daß ein kirchliches Trennungsritual mindestens folgende inhaltliche Schwerpunkte zur Sprache zu bringen hat:

- die Klage,
- das Schuldbekenntnis,
- den Dank,
- den Segen.

Die Klage gestaltet die Trauer, die zu jeder Trennung zwischen zwei Menschen gehört. Die gemeinsame Zeit ist vorbei. Das erhoffte Glück ist verflogen. Die Lebenspläne für die gemeinsame Zukunft sind gründlich gescheitert. Zwei Menschen, die im Gottesdienst klagen, haben die Phase der wechselseitigen Anklagen überwunden. Das ist der entscheidende Unterschied zu den Streitritualen, in die Geschiedene während der letzten Etappe ihrer Beziehung miteinander verstrickt waren. Die Zeit der Vorwürfe ist vorüber, die letzte Zeit der Gemeinsamkeit in der Trauer ist angebrochen.

Auf dieser Basis ist auch ein Vorgang möglich, der gerade bei Beziehungskonflikten unheimlich prekär ist: das Schuldbekenntnis. Zu den Strategien im Beziehungsstress gehört fundamental der Versuch, sich wechselseitig die Rolle des Schuldigen zuzuschreiben. Das ist ein Machtkampf, der von der Regel beherrscht wird: Wer schuldig ist, hat verloren. Im religiösen Ritual könnte das Schuldbekenntnis deswegen gewagt werden, weil die Hoffnung auf Vergebung besteht. Ob die Geschiedenen ein solches Schuldbekenntnis gemeinsam sprechen oder in allgemeiner Form voreinander ablegen, ob dementsprechend die Vergebung vom Pfarrer oder untereinander zugesagt wird, das sind Fragen, die im Einzelfall zu entscheiden sind. Wichtig ist, daß diese unheimliche Dimension der Schuld nach Möglichkeit nicht ausgeklammert bleibt.

Wer im Blick auf die zu Ende gegangene gemeinsame Lebensgeschichte seine Klage ausgedrückt und seine Schuld eingestanden hat, der ist befreit dazu, auch die positiven Seiten in der Erinnerung wahrzunehmen. Deshalb umfaßt ein Trennungsritual in der Kirche immer auch die Dimension des Danks. Zu danken ist für das gemeinsame Glück, das man erlebt hat, für die Kinder, die geschenkt worden sind, wohl auch dafür, daß die Trennung nach allen Kämpfen und Schmerzen nun zu gelingen scheint. Zu danken ist für die Menschen, die die beiden begleitet haben. Zu danken ist schließlich, weil das portugiesische Sprichwort gilt: »Gott schreibt auch auf krummen Zeilen gerade.«

Ein zentrales Problem bildet in diesem Zusammenhang der Segen. In der Trauung haben die beiden den Segen Gottes empfangen. Wir unterstellen jedenfalls, daß der Geistliche damals nicht nur etwas gesagt und getan, sondern auch wirklich gesegnet hat. Was haben die beiden mit diesem Segen gemacht? Sie können klagen, daß er nicht ausgereicht hat. Sie können bekennen, daß sie mit ihm leichtfertig umgegangen sind. Sie können auch danken für das, was sie aus der Lebenskraft Gottes gemeinsam geschöpft haben. Aber was ist mit der Zukunft? Die Geschiedenen können für ihre nun getrennten Wege einen neuen Segen erbitten. Sie können sich aber auch das, was sie gemeinsam empfangen haben, wechselseitig für den neuen Abschnitt im Lebenslauf mitgeben.

Was von diesen Dimensionen in der Ansprache vorkommt, was in wechselseitigen Aussagen und in symbolischen Handlungen ausgedrückt wird, welche Bibeltexte herangezogen werden können, das alles ist hier im einzelnen nicht zu diskutieren. Feste Formen gibt es im Augenblick nicht. Insofern werden die äußeren und inneren Verhältnisse der Betroffenen hier noch mehr eine Rolle spielen, als das in den anderen Kasualhandlungen schon immer der Fall ist.

Bei der Beschreibung der Einzelaspekte dürfte aber deutlich geworden sein, warum ein solches Ritual wichtig und hilfreich sein könnte. Im Augenblick der Trennung ist das eine letzte gemeinsame Handlung. Was durch das staatliche Scheidungsurteil äußerlich geregelt ist, findet hier seine innere Befriedung. Die positiven und negativen Bindungen durch die Vergangenheit werden aufgelockert. Menschen werden durch ein solches Ritual der Trennung frei für den Weg in eine neue Zukunft, frei auch für die Zuwendung zu anderen Menschen. So wie in überlieferten Texten des Scheidebriefs einseitig der Mann seiner Frau zugesteht, daß »Du frei sein sollst und herrschen über Dich selbst, auf daß Du Dich verheiraten kannst mit jedem Manne, den Du willst«.

Natürlich wird ein solches Trennungsritual kein Angebot sein, das die Massen anlockt. Dazu ist der Anlaß zu heikel, ist auch die Konfliktlage bei den Beteiligten meist zu prekär. Es muß, wenn man dieses gemeinsame Ritual vollziehen will, noch immer oder schon wieder neu ein Mindestmaß an Gemeinsamkeit zwischen den Betroffenen gegeben sein. Alte Wunden müssen vernarbt, neue Beziehungen noch nicht entflammt sein. Es ist eine wirkliche Übergangssituation, in der sich die beiden befinden. Sie stehen am Scheideweg. Im befriedeten Raum der Kirche sagen zwei Menschen nach Schuld und Scheitern einander »Lebe wohl«. Das werden nur wenige schaffen. Aber die das tun, die zeigen allen, was die kirchlichen Kasualhandlungen eigentlich sind: nicht nur Festivitäten, nicht nur Familienfeiern, sondern eine Begleitung in Lebenskrisen, die im Namen Gottes geschieht. Auch beim Scheitern einer Gemeinsamkeit lassen sich Gottesliebe und Lebenslust miteinander versöhnen.

Im offenen Haus eine offene Beziehung?

I.

Im Zeitalter der Lebensgefahr geht die Schöpfung Gottes zugrunde. Unter Theolog/innen aber wird intensiv um die Frage gestritten: Wer darf mit wem in welches Bett? Ein bevorzugtes Terrain für diese Auseinandersetzung bildet das Pfarrhaus. Auch dort haben inzwischen all jene Beziehungskonstellationen Einzug gehalten, die zum ›ganz normalen Chaos der Liebe‹ in unserer Gesellschaft gehören. Auch Bewohner/innen des Pfarrhauses müssen mit Ehescheidungen fertig werden. Auch im Pfarrhaus wollen Homosexuelle ihre Partnerschaft leben. Und auch im Pfarrhaus wollen Menschen, die in offenen Beziehungen leben, von ihrer sozialen Umgebung respektiert werden.

All diese Konstellationen haben in der Kirche heftige Diskussionen ausgelöst, im Gemeindebereich, in den Landeskirchen, in den Beiträgen theologischer Ethik. Dabei scheint es im Streit um sexualethische Fragen für die Beteiligten um ganz unterschiedliche Konflikte zu gehen. Was sich im Gegenüber von mehr progressiven und mehr konservativen Mentalitäten artikuliert, ist nicht nur eine unterschiedliche Einschätzung von Sexualität, sondern auch eine unterschiedliche Einordnung der Konflikte, die sich in diesem Zusammenhang gegenwärtig ergeben. Für die einen ist Sexualität sozial eine Chaosmacht, religiös okkupiert von den Kräften des Bösen; bei der Verteidigung überlieferter Lebensformen geht es für sie deshalb immer auch um den Kampf zwischen Glaube und Sünde. Für die anderen ist Sexualität individueller Intimbereich, Chance für Lebenslust und Lebensgenuß, die vom einzelnen verantwortlich gestaltet sein will; bei der Veränderung überlieferter Lebensformen geht es auf dieser Seite deshalb um den Konflikt zwischen dem Individuum und der Institution. Von diesen unterschiedlichen Voraussetzungen aus werden auch die Positionen der anderen Seite jeweils unterschiedlich wahrgenommen. Was die einen als Verteidigung individueller Freiheitsrechte proklamieren, wird von den anderen als antiinstitutionelle Rebellion erlebt. Und böse im moralischen wie im religiösen Sinn sind für die junge Generation nicht früher gesellschaftlich geächtete Praxisformen von Sexualität, böse ist vielmehr das Machtgehabe einer Institution, die die legitimen Rechte ihrer Mitglieder/innen und Mitarbeiter/innen aus welchen Gründen auch immer einzuschränken versucht.

Im Pfarrhaus soll man entweder allein oder verheiratet leben. Offene Beziehungen werden dort nicht toleriert. Besonders auf Theologiestudent/innen, die sich allmählich dem ersten Examen nähern, wirkt diese Regelung, wie sie in den meisten Landeskirchen üblich ist, unverständlich, ja unerträglich. Sie reden gern, wenn auch unpräzise, von einem »Ehezwang«, der auf sie ausgeübt wird, und werfen den Kirchenbehörden vor, mit Hilfe ökonomischer und juristischer Machtmittel bürgerliche Moralvorstellungen durchzusetzen. Die Gesprächsbereitschaft der anderen Seite wird durch solche Anschuldigungen natürlich in keiner Weise erhöht. Man sieht die eigenen Motive diskreditiert und die Wirklichkeit in erheblichem Ausmaß verzerrt; denn in der Tat wird niemand gezwungen, Freund oder Freundin im Zusammenhang mit der Ordination zu ehelichen.

Daß solche Konflikte gerade zu diesem Zeitpunkt auftreten, dürfte kein Zufall sein. In dem Augenblick, da die Landeskirchen gegenüber den angehenden Pfarrer/innen langfristige Verpflichtungen eingehen und ihnen eine dienstliche Residenz zuweisen, erwarten sie ihrerseits, daß das gemeinsame Leben in dieser Wohnung langfristig festgelegt wird. Warum löst eine solche Erwartung bei den Betroffenen so erhebliche Reaktionen aus? Wer die Dynamik der hier ablaufenden Konflikte erfassen will, muß sich die Probleme der betroffenen Individuen (II.), die Problematik der in Rede stehenden Normen (III.), die Aufgaben und Schwierigkeiten eines Lebens im Pfarrhaus (IV.) und die Funktion von Integrationskonflikten (V.) vergegenwärtigen.

II.

Zu den Fragwürdigkeiten der gesellschaftlichen Entwicklung in der Neuzeit gehört die wachsende Zerdehnung der Ausbildungszeiten. Bis Männer und Frauen verantwortliche Positionen in der Gemeinschaft zu übernehmen vermögen, müssen sie immer länger werdende Lernprozesse durchlaufen. Das hat unter anderem dazu geführt, daß biologische Reife und soziale Mündigkeit zunehmend auseinanderdriften. Vor allem Akademiker/innen haben mehr als ein Drittel ihrer zu erwartenden durchschnittlichen Lebenszeit verbraucht, bevor sie in die Berufswelt einsteigen können. Für die sexuelle Praxis, aber auch für die Gestaltung von Partnerschaften bedeutet das, daß die auch in den Pfarrerbiographien jahrhundertelang übliche Synchronie zwischen Berufseintritt und Ehebeginn auseinandergebrochen ist. Die soziale Schwelle auf dem beruflichen Feld hat ihre Bedeutung für die Gestaltung der Beziehungskonstellation verloren. Man lebt vor dem Eintritt in den Beruf mehr oder weniger offen in mehr oder weniger offenen Beziehungen. Und man möchte auch nach der Aufnahme einer festen Tätigkeit diese Offenheit, von außen ungestört, fortsetzen können.

Dieser Wunsch, wenigstens im intimsten Lebensbereich der Partnerbeziehung von äußerem Druck verschont zu bleiben, ist auch deswegen so verbreitet, weil der Übergang in die Berufsrolle für jede/n mit vielen Anpassungsleistungen und den entsprechenden Abgrenzungsbedürfnissen verbunden ist. Gerade in dem fortgeschrittenen Alter, in dem das heute geschieht, ist der Transitus in die Berufswelt für viele mit einer Krisenerfahrung ihrer persönlichen Identität verknüpft. Aus privaten Individuen werden öffentliche Gestalten. Menschen, die bisher nur für sich selbst und ihre nächste soziale Umgebung zu sorgen hatten, übernehmen nun die Verantwortung für eine ganze Gemeinde. Aus Kritikern der kirchlichen Institutionen werden nun, unvermeidlich, deren Repräsentanten[1]. Und die selbstbestimmte Lebensführung des akademischen Moratoriums, die allenfalls durch finanzielle Engpässe und persönliche Schwierigkeiten eingeschränkt wurde, wird nun gerade im Pfarrerberuf abgelöst durch ein Gemeindemilieu, in dem man sich andauernd beobachtet fühlt und in dem die sonst übliche Trennung zwischen beruflicher und persönlicher Lebenssphäre nur in begrenztem Umfang realisierbar ist. Wenn man sich schon in Kleidung und Haartracht, im Tagesablauf und im Sprachgebaren den beruflichen Anforderungen unterwerfen muß, dann möchte man mindestens einen Bereich konservieren, der der eigenen Gestaltung und Verantwortung überlassen bleibt. Beim Transitus in die berufliche Welt und die dort erfahrenen Zumutungen will man die personale Autonomie wenigstens für den Beziehungsbereich retten[1a]. Die beruflichen Pflichten wird man, so gut es nur eben geht, erfüllen. Aber mit wem man in welchen Formen zusammenlebt, das geht niemanden sonst etwas an! Oder hat die Ehe als Lebensform in der Christengemeinde eine besondere Qualität?

III.

Die Übernahme der pastoralen Rolle, die den Kandidat/innen eine erhebliche Modifikation ihrer personalen Identität abverlangt, ist eingebettet in einen Wechsel der sozialen Umgebung. Aus der akademischen Lebenswelt mit ihren diffusen Kommunikationsstrukturen wandern sie durch die verschiedenen Etappen des Vikariats, das neben Praxiserfahrungen in der Gemeinde auch immer Aufenthalte im Predigerseminar und anderen Ausbildungseinrichtungen einschließt, in das relativ festgefügte Kontaktfeld einer Kirchengemeinde. Dieser schrittweise Eintritt in das neue Milieu konfrontiert die Betroffenen immer auch mit neuen Mentalitäten, vor allem was Werte und Normen betrifft. Weil die meisten selbst aus dieser sozialen Welt stammen, betreten sie kein vollkommen unbekanntes Gelände. Aber während sie in der Studienzeit anderen, den eigenen Überzeugungen widersprechenden Einstellungen bei Professor/innen und Kommiliton/innen aus dem Weg gehen konnten, ist eine solche Vermeidungsstrategie im pastoralen Berufsfeld nicht länger möglich.

So stoßen junge protestantische Theolog/innen im Kirchenmilieu auf ein Verständnis und eine Bewertung von Ehe, die ihrer eigenen Einschätzung dieses Instituts möglicherweise total widersprechen. Auch die öffentliche Diskussion in der Theologie ist von der Diskrepanz, die Gesellschaft und Kirche in zwei sexualethische Lager spaltet, in erheblichem Umfang geprägt. Die einen definieren Ehe als »Stand«, als gute Ordnung des Schöpfers, als Institution, die den Individuen das gemeinsame Leben erleichtert, als rechtlichen Beziehungsrahmen, der auch die chaotische Kraft von Sexualität in sozial akzeptable Kanäle leitet. Für die anderen ist Ehe eine Möglichkeit ihrer individuellen Lebensgeschichte, die nicht nur Sicherheit bietet, sondern auch Fesseln anlegt, die durch die rechtliche Abstützung die Beziehung nicht nur fördern, sondern auch ersticken kann, die in ihrer Endgültigkeit ein Wagnis einschließt, das man angesichts des verbreiteten Scheiterns nur nach einer langen Probezeit gemeinsamen Lebens eingehen kann.

Nicht nur beim Verständnis der Ehe, sondern auch in ihrer Einschätzung gibt es zwei Positionen, und die Konfrontation dieser Positionen haben die Kandidat/innen angesichts der ihnen auferlegten Entscheidung in sich selbst auszufechten. Gerade für das Selbstverständnis der klassischen protestantischen Theologie ist die Ehe eine evangelische Errungenschaft. Gegen alle asketischen Tendenzen in der Alten Kirche hat sie sich als christliche Lebensmöglichkeit durchgesetzt, wenn auch mit einer charakteristischen Einschränkung: »Die Ehe empfängt vom Christentum die Anweisungen einer zunächst für das individuelle und private Leben institutionalisierten Ordnung parallel zur Eheinstitution: der Enthaltsamkeit. Die Theorie der Ehe erhält ihren Platz in einer Theorie der Enthaltsamkeit, von der sie nur ein

Teil ist.«[2] Gegen alle Überbewertung der monastischen Existenz hat die Reformation die schöpfungsgemäße Qualität der Ehe behauptet und infolgedessen auch den Klerikern die Eheschließung erlaubt. »Wenn etwas für die Ethik des alten Luthertums bezeichnend war, so der Dank, der Jubel für das Gottesgeschenk der Ehe.«[3] Viele Männer in kirchenleitenden Positionen haben diesen Jubel noch in der eigenen Biographie erfahren, weil in ihrer Jugend eheliche Verhältnisse oder gar offene Beziehungen vor Beginn der beruflichen Tätigkeit absolut tabuisiert waren. Den Beginn ihres Ehestandes hat die ältere Generation noch als Erlaubnis, als Bereicherung, als Anfang eines endlich gemeinsamen Lebensweges erfahren. Worauf man jahrelang mehr oder weniger kontrolliert gewartet hatte, das wurde nun möglich. Die jüngere Generation geht im Rahmen ihrer Beziehungsgeschichten von ganz anderen Voraussetzungen und mit ganz anderen Perspektiven an die Ehe heran. Auch sie ist, bei allen intimen Erfahrungen, die man schon gehabt haben mag, auf der Suche: nach einer dauerhaften Beziehung, nach einem Schutzraum der Geborgenheit, nach einer befriedigenden und befriedeten Lebensgemeinschaft. Aber das überlieferte Gestaltungsmodell von Ehe gilt für sie wie für viele ihrer Altersgenossen als unzulänglich. »Es berücksichtigt ihrer Meinung nach zu wenig
– die neuartigen Ansprüche moderner Bürger,
– die Erschwernisse, welche die persönliche Biographie in bezug auf Beziehungstauglichkeit mit sich bringt,
– die heute gegebene und sich rasch ändernde Beziehung von Ehe und Familie zu den anderen gesellschaftlichen Lebensbereichen, wie Schule oder Erwerbsarbeit.«[4]
Darin steckt natürlich auch eine beträchtliche Skepsis gegenüber der stabilisierenden Wirkung von Institutionen. Die schwierige Kunst der dauernden Liebe kann nur in Freiheit gemeistert werden. Was für die anderen Elemente der Beziehungsstruktur inzwischen allgemein akzeptiert ist, die Freiheit in der Partnerwahl, die Freiheit in der beziehungsinternen Rollenverteilung, die

Freiheit bei der Gestaltung der beziehungsexternen Kontakte, das müßte für eine solche Einstellung doch auch beim Eheschluß selber gelten. Warum sperren die Landeskirchen offene Beziehungen aus den Pfarrhäusern aus?

IV.

Wer Pfarrer/in zu werden beginnt, verändert unvermeidlich seine persönliche Identität, gerät in ein neues soziales Milieu, wird konfrontiert mit Mentalitäten, denen er bisher ausweichen konnte. Und: Wer Pfarrer/in zu werden beginnt, bezieht eine Dienstwohnung, ein berufliches Domizil. Das Pfarrhaus ist keine Studentenbude und keine WG, sondern ein Wohnort ganz eigentümlicher Art. Am ehesten läßt es sich als »offenes« Haus charakterisieren[5]. Offen zum Eintritt für alle Mühseligen und Beladenen, für angemeldete und unangemeldete, für gewünschte und unerfreuliche Gäste. Offen aber auch für die Blicke nicht nur der Nachbarschaft, sondern einer ganzen Gemeinde, für die Neugierigen und Klatschsüchtigen, für die Bewunderer und die Kritiker. Das Pfarrhaus will einladend wie eine Gastwirtschaft sein und wird beobachtet wie eine Bühne.

Nicht nur Verkündigung und Seelsorge, Unterricht und Diakonie bilden die Aufgabe derer, die hier residieren. Auf einer Bühne kommt es zur Darstellung. Im Pfarrhaus soll die Kunst des guten, gelingenden Lebens vorgeführt werden. Die Arbeit von Pfarrer und Pfarrerin umfaßt deshalb immer drei Dimensionen[6]. Die heiligen Riten wollen vollzogen, die heiligen Mythen sollen erzählt, das heilige Leben soll dargestellt werden. Wer im Pfarrhaus lebt, steht unter einem beschwerlichen Druck. Die sonst übliche Trennung von Berufs- und Familienwelt ist hier weitgehend aufgehoben. Die Erwartungen von außen sind groß, und sie können gefährlich werden, wenn man sie von den eigenen Ansprüchen her unterstützt. Aber wer sich für diesen Beruf entschieden hat, konnte mindestens ahnen, daß er auch mit seinem Privatleben in das Blickfeld der Öffentlichkeit gerät. Möglichen Partner/innen sollte frühzeitig bewußt gemacht werden, mit welchen Belastungen das Dasein im Pfarrhaus verbunden ist. Am beklagenswertesten ist, wenn man den Berichten Betroffener folgt, das Schicksal der Kinder, die ungewollt und ungefragt auf diese Bühne geraten[7].

Warum darf man in diesem offenen Haus nicht in einer offenen Beziehung leben? Gegenüber Gemeindemitgliedern gibt es an diesem Punkt kirchlicherseits keine Sanktionen. Und bei den eigenen Kindern haben manche Vertreter der Kirchenleitung inzwischen gesehen, wie respektabel und verantwortlich ein gemeinsames Leben ohne Trauschein gestaltet sein kann. Wieso müssen junge Menschen beim Einzug ins Pfarrhaus, sofern sie nicht schon verheiratet sind, ihre bisherige Beziehungskonstellation verändern? Wieso gilt hier die Alternative: entweder mit Trauschein oder alleine? Soll wenigstens bei den Repräsentanten der Kirche das Monopol der Ehe verteidigt werden? Will man an diesen Hauptfiguren demonstrieren, daß letztlich doch nur in der Ehe Sexualität christlich legitim gelebt werden darf? Sollen gar im bürgerlichen Refugium des Hauses bürgerliche Wertvorstellungen konserviert werden?

Daß man im offenen Haus eine offene Beziehung nicht toleriert, dafür kann es drei ernsthafte Gründe geben. Sie hängen alle mit der Öffentlichkeit der Personen zusammen, die dieses offene Haus bewohnen. Wer im Pfarramt arbeitet, ist tätig in einem Lebensbereich, der besonders konfliktträchtig ist, störanfällig in psychischer und sozialer Hinsicht, und der deshalb der eindeutigen Strukturierung bedarf. Der Umgang mit der Macht des Heiligen kann so verwirrend wirken, daß das Individuum wie die Gemeinschaft in personaler und in lokaler Hinsicht einen erheblichen Schutz benötigen.

Wer im Namen Gottes agiert, vertritt eine Macht, die, in der Sprache der Phänomenologie, *mysterium tremendum* und *mysterium fascinosum* zugleich ist. Diese Faszination des Heiligen bestimmt auch das Verhältnis zu seinen irdischen Repräsentanten.

Die mögen noch so laut und andauernd beteuern, daß sie nichts Besonderes sind – und in der Regel haben sie damit recht –, dennoch partizipieren sie, bewußt oder unbewußt, an der Attraktivität der heiligen Macht. Der Vertreter des Heiligen weckt Vereinigungs- und Verschmelzungswünsche. Der »Seelenbräutigam« aus dem Gesangbuch inkarniert sich in einem Menschen aus Fleisch und Blut, der bewundert sein will und Liebe sucht. Und es mag Formen persönlicher Religionskritik geben, die darin bestehen, daß man den heiligen Mann auf seine nackte Menschlichkeit reduziert. Menschen, die im Machtfeld des Heiligen wirken, bedürfen des inneren und äußeren Schutzes, damit diese Macht nicht mißbraucht wird.

Entsprechendes gilt für ein Pfarrhaus. Es soll und will offenstehen allen Menschen aus der Gemeinde in ihrer Friedlosigkeit. Eben deshalb soll es in sich selber befriedet sein. Was für die Bewohner/innen dieses Hauses schwer zu verstehen und noch schwerer zu leben ist, was sie als externen Druck und normative Belastung erfahren, die Verpflichtung zu einer andauernd harmonischen Beziehungskonstellation, das gehört in der Tat zum Grundgesetz dieses Hauses. Am besten überall, aber auf jeden Fall hier soll Friede herrschen. Wer hier einkehrt mit seinen Konflikten, soll nicht in neue Turbulenzen verwickelt werden. Intensive Kontakte in Seelsorge und Beratung sollen hier möglich sein; eben deshalb darf persönliche Nähe nicht für intime Kontakte ausgenutzt werden. Das Pfarrhaus ist Bühne, aber es ist auch ein Schutzraum. Und die Bewohner/innen müssen, ob sie alleinstehend oder verheiratet sind, für die Unberührbarkeit ihrer Gäste sorgen. Man kann die Grenze, ohne ein moralisches Urteil damit zu verbinden, ganz nüchtern so formulieren: Ein Single mit relativ häufig wechselnden Partnerinnen hat in diesem Haus keinen Platz.

Nun wäre es eine Unterstellung, wollte man allen, die in offenen Beziehungen leben, ein solches Verhalten zuschreiben. Der Friede im Pfarrhaus wird durch den Eheschluß nicht garantiert. Und auch Menschen in offenen Beziehungen können nach außen hin selbstverständlich sehr hilfreich und konstruktiv wirken. Warum sollen in einem evangelischen Pfarrhaus Mann und Frau ordentlich verheiratet sein? Vielleicht hängt das mit einem Merkmal zusammen, das die Ehe bis heute von anderen Lebensformen klar unterscheidet. Im Gründungsakt ihrer Ehe haben sich Mann und Frau für den Rest ihres Lebens aneinander gebunden. Sie wollen zusammenbleiben, nicht nur, solange es gut geht, solange die Liebe währt und die wechselseitige Zuneigung dauert. Im Akt des Eheversprechens disponieren sie über ihre zukünftige Lebenszeit, ›bis daß der Tod sie scheidet‹[8]. Das ist gerade in einer Gesellschaft, die aus ökonomischen Gründen so viele äußere und innere Mobilität verlangt und auf dem Warenmarkt andauernd neue Artikel für den schnellen Konsum produziert, ein erstaunlicher Vorgang. Menschen wagen eine wechselseitige Bindung für den Rest ihres Lebens. Sie entsprechen damit dem Bund, den Gott in seiner Heilsgeschichte mit der Menschheit geschlossen hat.

Es ist Karl Barth gewesen, der diesen Zusammenhang zwischen göttlicher Gnadenwahl und menschlicher Partnerwahl herausgearbeitet und ausdrücklich unterstrichen hat, daß »die Ehe nun einmal gerade in dieser ihrer menschlichen Grundlegung zuerst und direkt das Abbild der Gnadenwahl des Bundes ist: der Liebe Jahves zu seinem Volke, der Liebe Jesu Christi zu seiner Gemeinde«[9]. Weil diese Gnadenwahl in ihrem evangelischen Sinn nur auf dem Hintergrund der Freiheit Gottes angemessen zu fassen ist, gehört für Barth freilich auch zum zwischenmenschlichen Eheschluß der Charakter der Freiheit unverzichtbar hinzu: »Die Ehe ... lebt davon, daß ein Mann und eine Frau miteinander in ihrem menschlichen Sicherkennen, Sichwählen, Sichlieben jene unvergleichliche Geschichte unter sich wenigstens nachahmen, abbilden und darstellen dürfen: in ihrer besonderen menschlichen Freiheit füreinander die besondere Freiheit der Gnade Gottes für den Menschen, die besondere Freiheit des Glaubens als die Freiheit des Menschen für Gott.«[10] Das Problem, das die Vikar/innen in der beschriebenen Konfliktsituation zu bewältigen haben, läßt sich dann so formulieren: Ist es auch in dieser Kernfrage des Lebens möglich, äußere Zumutungen in innere Freiheit zu transformieren?

Im Pfarrhaus leben Menschen, die den Bund Gottes zum Heil und zum Wohl der Gemeinde verkündigen wollen. Aber in diesem Beruf spielt man nicht nur eine Rolle, man hat auch ein Amt. Und deshalb ist die sonst übliche Trennung zwischen Arbeit und Freizeit, zwischen privater und professioneller Sphäre hier schwierig, in manchen Punkten sogar unmöglich. Der Bund Gottes soll nicht nur verkündigt, er will auch gelebt werden, in allen Beziehungskonstellationen, die zum pastoralen Dasein gehören, zwischen Mann und Frau, zwischen Eltern und Kindern, zwischen Pfarrer/in und Gemeinde. In den Krisen und Konflikten, die dabei unvermeidlich auftreten, will die Unzerstörbarkeit des Bundes dargestellt werden. Das macht z.b. die Ehescheidung im Pfarrhaus für alle Beteiligten problematisch. Um die Endgültigkeit und die Verläßlichkeit dieses Bundes zu repräsentieren, sollen die, die mit diesem Bund ihren Lebensunterhalt verdienen, sich selber für den Rest ihres Lebens gebunden haben. Auch im Blick auf ihre Beziehungsprobleme leben Pfarrer/innen immer im Dienst.

V.

Der Transitus eines Individuums in eine Institution vollzieht sich in Ritualen, die teilweise Prüfungscharakter haben. Das gilt auch und gerade für den kirchlichen Bereich. Das Menschenkind muß nach der Geburt durch sprachliche und nichtsprachliche Operationen für den Initiationsakt der Taufe präpariert werden[11]. Angehende Pfarrer/innen werden durch eine lange Ausbildungszeit und darauf folgende Prüfungsverfahren für ihre künftige Tätigkeit vorbereitet. In der Regel gehört zum Ablauf solcher Integrationsrituale ein zentraler Akt, der die Fähigkeit des Individuums testet, im Rahmen der Gruppe zu leben bzw. tätig zu werden. Im klassischen Taufritual zählen dazu die Absage an den Teufel, das Bekenntnis des Glaubens und der ausdrückliche, von den Eltern und Paten artikulierte Wunsch, getauft zu werden. Erst auf dieser Grundlage kann die Spendung des Sakraments erfolgen. Ähnlich hat es bei der Ordination immer Erklärungen gegeben, die eine Verpflichtung auf Schrift und Bekenntnis enthalten. Durch ein »seelsorgerliches« Gespräch wurde vorher ermittelt, ob der Kandidat einen ordentlichen Lebenswandel geführt bzw. eine wirkliche Bekehrung erlebt hat.

In die Reihe dieser spezifischen Eignungstests scheint, wenn man die Konfliktträchtigkeit des Problems zum Maßstab nimmt, heute die Ehefrage geraten zu sein. Für die Institution entscheidet sich an dieser Stelle die Zulassung zur Ordination. Die Kandidat/innen erleben hier, in ihrem intimsten Lebensbereich, die Macht der Kirchenbehörde. Die elementare Klärung in ihrem Leben, die früher Fragen der Lehre und der Frömmigkeitspraxis betraf, wird jetzt für den Bereich der Beziehungskonstellation erwartet. Ist diese Veränderung Zufall? Oder hat sie einen Sinn?

Wahrscheinlich soll auf der Bühne des Pfarrhauses eine repräsentative Rettungsaktion erfolgen. Außenstehende muß es merkwürdig anmuten, daß Theolog/innen im Zeitalter der Lebensgefahr ausgerechnet über Schlafzimmerfragen streiten. Verständlich ist dieses Verhalten nur, wenn man annimmt, daß hier ein Ersatzkonflikt abläuft. Wenn der Mammonismus alte Werte auflöst und alte Strukturen zerstört, wenn der Pluralismus infolgedessen auch in der Kirche für fast alle Bereiche anerkannt ist, dann soll wenigstens von den Bewohner/innen des Pfarrhauses noch dargestellt werden, wie ein vom Glauben geprägtes Leben in Ehe und Familie gelingt. Wenn alle Bindungen äußerer und innerer Art zerbrechen, rückt die Bindungsfähigkeit der Menschen im Pfarrhaus nachdrücklich auf den kirchlichen Prüfstand.

Für die Betroffenen ist das eine große Herausforderung. Ihre individuelle Autonomie wird durch externe Forderungen in Frage gestellt. In den persönlichsten Lebensbereich der Beziehung mischen sich andere Menschen ein. Die Institution, in deren Rahmen sie zukünftig arbeiten wollen, demonstriert gleich zu Beginn ihre Macht. Schnell wird das Ganze als »Ehezwang« diskreditiert. Gern vergleicht man sich auch mit der Situation geschiedener Pfarrer, die von der automatischen Versetzungspraxis mancher Landeskirchen betroffen sind, oder mit den Homosexuellen, denen das gemeinsame Leben im Pfarrhaus bisher noch verwehrt wird. Dabei übersieht man leicht den grundlegenden Unterschied, der zu diesen Gruppen besteht. Geschiedene und Schwule haben im Rahmen der kirchlichen Maßnahmen, die ihnen gelten, keine Alternative, es sei denn die des Berufsverzichts. Diejenigen dagegen, die in offenen Beziehungen leben, können entscheiden, wie und wo sie in Zukunft ihr Leben verbringen wollen: gemeinsam und verheiratet in den Räumen des Pfarrhauses, getrennt, aber mit regelmäßigen Kontakten in verschiedenen Wohnungen.

Die Herausforderung, die damit auf die Kandidat/innen zukommt, ist also zumutbar. Sie enthält eine Reifeprüfung ganz eigener Art. Vielleicht zum ersten Mal werden sie hier mit einem Problem konfrontiert, das ihnen in der beruflichen Zukunft immer wieder begegnen wird. Es geht um die innere Verarbeitung einer harten äußeren Forderung. Und diese Verarbeitung muß jenseits von Protest und Kapitulation, von Widerspruch und Unterwerfung erfolgen. Das Ansinnen, das die Forderung der Kirchenbehörden darstellt, ist in vieler Hinsicht gefährlich: für die Betroffenen, deren Entscheidungsfähigkeit dadurch eingeengt wird, für ihre interpersonale Beziehung, die sich unter dem äußeren Druck bewähren muß, die dadurch aber auch scheinbar stabilisiert werden kann. Gefährdet ist nicht zuletzt das Verhältnis des Individuums zur Institution, weil durch vorschnelle Kapitulation ein hohes Maß entweder an Aggressionsunterdrückung oder/und an latenter Aggressionsbereitschaft entsteht.

Innere Verarbeitung einer äußeren Zumutung, wie sie in diesem Konfliktfall für die ganze berufliche Zukunft gelernt werden kann, überwindet die Alternative von Protest und Unterwerfung durch Prozesse der Klärung. Was ist erlittener, aber auch erträglicher Zwang, was ist erkämpfte und gewonnene Freiheit? Was wollen wir beide jetzt, unter den teils veränderbaren, teils unveränderlichen Bedingungen, die die soziale Umwelt für unser Leben setzt? Was halte ich von der Kirche, in deren Rahmen ich arbeiten werde? Will ich wirklich einen Beruf, der mich, von außen betrachtet, in meinen Lebensmöglichkeiten beschränkt? Warum gehört zur religiösen Verbreitung der Gottesliebe die soziale Gestaltung von Lebenslust?

Wer unter äußerem Druck diese Fragen für sich wirklich durchgearbeitet hat, hat, ähnlich wie bei einem Glaubens- oder Bekehrungstest, eine Reife-Prüfung für das künftige Pfarramt bestanden. Dabei wird auch ein Hinweis zu berücksichtigen sein, den E.-R. Kiesow in diesen Diskussionszusammenhang eingebracht hat: »Bei allen denkbaren Konflikten, die es mit der nicht-ehelichen Lebensgemeinschaft unter Theologen und kirchlichen Mitarbeitern in Gemeinden und Landeskirchen geben könnte, sei einmal an die Verhältnisse zwischen den Starken und den Schwachen nach Römer 14 und 15 erinnert: Nicht sich selber zum Gefallen leben, sondern so, daß es dem Nächsten gefalle zum Guten, zur Auferbauung, und einander annehmen, wie uns Christus getan hat zu Gottes Lob! Wer sind heute die Starken und die Schwachen? Die Starken kommen mit der kirchlichen Ordnung und Tradition daher und zwingen die anderen zur Anpassung; die fühlen sich vielleicht noch zu schwach, um sich einer institutionellen Bindung in der Ehe sogleich zu unterziehen, an der sie viele andere scheitern sehen. Oder sind sie die Starken, die sich von dem Gros der Verheirateten lösen wollen, um als Non-Konformisten eine neue, für andere unter Umständen provokante Lebensweise zu erproben? Dann wären diejenigen schwach, die jetzt schon um die Stabilität der Ehe und der ganzen Gesellschaft Angst haben, statt darauf zu vertrauen, daß sich Gottes Schöpfungsgabe in der Liebes- und Lebensgemeinschaft des einen Adam und der einen Eva auch in Zukunft behaupten wird.«[12]

Ehescheidung und Berufstauglichkeit[1]

I.

In den älteren Pastoraltheologien wurden Partnerwahl und Familienleben des Pfarrers ausführlich traktiert. Eine Ehescheidung im Pfarrhaus war dagegen ein solcher Extremfall, daß er im theologischen Diskurs nicht behandelt werden konnte. Dem theologischen Schweigen entsprach ein kirchliches Handeln, das den Verstoß gegen das kirchliche Eheideal ganz selbstverständlich mit Amtsenthebung bestrafte. Durch eine Ehescheidung war die Berufstauglichkeit des Amtsträgers stark beeinträchtigt.

Auch wenn in der Gegenwart Kirchengemeinden und Kirchenbehörden auf eine Ehescheidung im Pfarrhaus nicht mehr so rigoros reagieren, bleibt sie für alle Betroffenen im sozialen Kontext ein beschwerlicher Vorgang. Erwartungen werden enttäuscht. Idealbilder sind zerstört. Selbst dort, wo man mit dem Pfarrer oder der Pfarrerin zunächst tolerant und verständnisvoll umgeht, brechen die unterdrückten Aggressionen beim nächsten Konflikt häufig umso stärker hervor. Solange man sie als Verstoß gegen das normative Leitbild betrachtet, weckt die Ehescheidung noch immer Strafbedürfnisse und, damit verbunden, Zweifel an der Berufstauglichkeit.

Das ändert sich, wenn man die normative Perspektive verläßt und sich auf die Sicht der Beteiligten einstellt. Für sie ist, wie sich in jeder Beratung zeigt, dieser Vorgang nicht zuallererst ein Verstoß, sondern eine Lebenskrise von teilweise katastrophischem Ausmaß, und auch die normativen, rechtlichen und pastoraltheologischen Aspekte werden von ihnen in diesem Rahmen wahrgenommen. Wer Menschen in einer solchen Situation zu begleiten hat, kann auch entdecken, daß ihre Berufstauglichkeit im Durchleben der Krise nicht nur gefährdet wird, sondern unter Umständen, wenn die Bedingungen günstig sind, sogar wächst[2]. Was können Pfarrer/innen durch diese elementare Erfahrung für die Arbeit im Beruf persönlich lernen? Die meisten Menschen, gerade im kirchlichen Raum, erleben das Scheitern ihrer Ehe noch immer als Zusammenbruch ihrer Geborgenheit in der Welt. Gefühlsinvestitionen haben sich als vergeblich erwiesen. Verläßlichkeitsstrukturen sind aufgelöst. Lebensplanungen haben sich als illusorisch erwiesen. Ökonomische Regelungen sind hinfällig geworden und können, wenn keine vertretbaren Absprachen gefunden werden, für einen der Partner zu bedrohlichen Belastungen führen. Entsprechend häufig sind narzißtisch getönte Suizidphantasien, die das befriedete Leben nach seiner Zerstörung in der Ruhe der Todeswelt suchen. In der Lebensetappe, die mit der Scheidung zu Ende geht, wird die Zerbrechlichkeit menschlichen Daseins auf unglaublich schmerzhafte Weise an der eigenen Person erlebt und erlitten.

Im einzelnen umfaßt diese Krisenerfahrung mindestens drei Dimensionen, die in großer Nähe zur beruflichen Praxis der Pfarrerschaft stehen. Es geht um die innere Verarbeitung von Ohnmacht, Schuld und Trennung.

II.

Eine Ehescheidung enthält für die Betroffenen in den meisten Fällen eine gravierende Ohnmachtserfahrung. Was man zu Beginn der Partnerschaft vielleicht untergründig befürchten konnte, aber auf keinen Fall gewünscht hat, das ist nun eingetreten. Die mehr oder weniger große Liebe ist zerbrochen. Unaufhaltsam. Unwiderruflich. Kein guter Wille, keine rationale Kalkulation, noch nicht einmal die Rücksicht auf die Kinder haben diesen Zerstörungsprozeß aufhalten können. Selbst dort, wo eine(r) der Beteiligten aus der Ehe ausbricht, um zu einem anderen Partner zu wechseln, ist meist das Gefühl vorhanden: Ich habe es nicht geschafft.

Theologen haben wahrscheinlich ein großes Potential an verdeckten Allmachtswünschen. Sie haben sich einen Beruf gesucht, in dem man im Namen des allmächtigen Gottes öffentlich auftreten und anderen Menschen in ihren Ohnmachtserfahrungen beistehen kann. Gerade sie werden von dieser Ohnmachtserfahrung, die zu jeder Ehescheidung gehört, besonders betroffen sein und das Scheitern ihres Lebensentwurfs an diesem Punkt als besonders kränkend erleben. Vielleicht hängt auch die gewisse Überheblichkeit, die man mancherorts in kirchlichen Kreisen gegenüber Scheidungsvorgängen beobachten kann, mit dieser Allmachtsvorstellung zusammen. Eigentlich darf das ja nicht passieren, eigentlich müßte man sein Leben so in der Hand haben, daß es geradlinig verläuft.

Der Umgang mit der Krisenerfahrung der Ehescheidung verlangt von allen Beteiligten, von den Betroffenen selbst und von der sozialen Umgebung, die intensive Arbeit am narzißtischen Allmachtswahn. Wenn diese Arbeit existentiell gelingt, wenn die erfahrene Ohnmacht zur Macht Gottes in Beziehung gesetzt werden kann, dann ist ein Lernprozeß von großer theologischer Relevanz abgelaufen. Wer Gott ist, lernen Menschen auch und vor allem an den Grenzen des Lebens, in Krankheiten, in Trauersituationen, eben auch in der Ohnmächtigkeit einer gescheiterten Liebe. Was es bedeutet, die Treue Gottes zu rühmen, kann in der Tiefe erst ermessen, wem menschliche Treulosigkeit aktiv oder passiv begegnet ist.

III.

Natürlich gehört zur Krise der Ehescheidung auch eine elementare Schulderfahrung. Es wird ein Fortschritt sein, daß im staatlichen Verfahren und in den kirchlichen Untersuchungen das Schuldprinzip an dieser Stelle keine Rolle mehr spielt. Die intimen Konstellationen eines Beziehungsclinchs sind zu verwickelt, als daß man von außen das Maß der jeweiligen Schuldanteile einigermaßen genau zu ermitteln vermöchte.

Aber auf der anderen Seite evoziert der Scheidungsvorgang noch immer unvermeidlich das Schuldproblem. Was die Beteiligten in ihren alltäglichen Streitritualen sich gegenseitig an Beschuldigungen vorzuwerfen hatten, macht in seiner ganzen Banalität darauf aufmerksam: Wenn zwei sich trennen, die sich miteinander und aneinander gebunden haben, dann schließt das auf jeden Fall schuldhaftes Handeln ein. Die Partnerwahl selber kann ein Fehler gewesen sein. Es kann Defizite in der wechselseitigen Zuwendung gegeben haben, Unfähigkeiten in der sprachlichen, der affektiven, der körperlichen Kommunikation. Außenbeziehungen können zerstörerisch eingewirkt haben, wobei gerade in der Kirche der Hinweis von Dietrich Stollberg zu beachten ist, daß der pastorale Seitensprung nicht einfach sexuelle Abenteuer umfaßt, sondern auch tiefe zeitliche und emotionale Bindungen an die Gemeinde zum Inhalt hat, die dann zu einer erheblichen Vernachlässigung von Partner/in und Familie führen[3].

Ehescheidung schließt Scheitern, aber auch Schuld ein. Die Betroffenen haben ein Recht, diesen Aspekt abzuwehren, wenn er von außen an sie herangetragen wird. Aber sie müssen bei der inneren Verarbeitung dieser Krise ihren Anteil am Beziehungsdesaster ermitteln. Das ist ein schwieriger und oft auch schmerzlicher Vorgang, weil er verlangt, die idealen Selbstbilder realitätsgerecht zu hinterfragen. Vor allem braucht man Zeit, um allmählich auf die naheliegenden Externalisierungen verzichten zu können. Schnelle Selbstbeschuldigungen, wie sie in der Kirche manchmal besonders beliebt sind, können die Probleme dabei eher verdecken.

Die Schuldfrage ist deshalb eine gefährliche Frage, weil sie unabdingbar mit der Frage nach dem Lebensrecht des Schuldigen verknüpft ist. Das behauptet jedenfalls, ganz wirklichkeitsnah, die theologische Lehre vom Gesetz. Die Norm deckt Sünde auf und droht mit dem Tod. Im Fall des geschiedenen Pfarrers wuchert deshalb untergründig häufig auch bei ihm selbst das Problem: Wie kann ich, der ich offenkundig schuldig geworden bin, weiterhin das Evangelium predigen?

Kirchenrechtliche Sanktionen, die mit Entlassung oder Versetzung drohen, können diesen Klärungsvorgang erschweren. Sie provozieren nämlich den Widerspruch gegenüber einem Strafmechanismus, den der Betroffene selbst innerlich bejaht und der dann an anderer Stelle unbewußt hervorbrechen wird. Strafandrohungen von außen erreichen die Betroffenen in der Regel auch deswegen schlecht, weil diese bei allem Eingeständnis eigener Schuld auf all die Leidensaspekte verweisen, die zu ihrer Situation gehören und die sie in gewisser Hinsicht auch schon als Strafe erleben.

Mit Bedacht habe ich den Begriff der Vergebung bisher vermieden. Der Weg von der Schuld zur Vergebung ist sehr viel länger und persönlicher, als daß er im Disziplinarverfahren praktiziert werden könnte. Und man kann aus dem Evangelium von der Sündenvergebung auch keine generellen Direktiven für den Umgang mit schuldigen Menschen herleiten. Man kann Vergebung nicht institutionell operationalisieren, sonst machte man sie zu einem neuen Gesetz.

Wenn es in jeder Ehescheidung auch um einen Lernprozeß geht, dann ist für die pastorale Existenz auf jeden Fall festzuhalten: Der Schuldige, vielleicht sogar nur der Schuldige weiß, was er sagt, wenn er Vergebung verkündigt. Und er wird das, wenn die Integration von Schuld und Vergebung in sein eigenes Leben gelingt, auf eine Weise tun, daß ihm die Gemeinde die Vergebungsbotschaft abnimmt, weil sie seine eigene Vergebungsbedürftigkeit ahnt. Er wird dann mit seiner Lebensgeschichte nicht hausieren gehen und seine eigene Betroffenheit nicht einmal ausdrücklich artikulieren müssen.

IV.

Schließlich umfaßt die Krise der Ehescheidung immer auch eine elementare Trennungserfahrung. Zwei haben sich zusammengetan und gehen nun, mehr oder weniger im Unfrieden, auseinander. In der Ehescheidung stirbt einer für den anderen den sozialen Tod[4], und das schließt im Unterschied zum biologischen Sterben zwei besondere Traueraspekte ein. Die Trennung von dem/der relevanten anderen wird durch das Bewußtsein, daß er/sie noch real existiert, nicht erleichtert, sondern erschwert. Und die Bindung ist in diesem Fall nicht nur durch vorwiegend positive Gefühle aufrechterhalten, sondern gewinnt ihre spezifische Stärke und Dauerhaftigkeit auch aus den Gefühlen von Kränkung und Enttäuschung, von Haß und Wut.

Um diesen beschwerlichen Prozeß der inneren und äußeren Trennung zu erleichtern, hat man in den letzten Jahren auch dafür eine rituelle Gestaltung vorgeschlagen[5]. Aber ein gemeinsames Ritual für diesen Vorgang setzt bei denen, die ihn vollziehen, ein hohes Maß an Gemeinsamkeit voraus, die im zeitlichen Kontext der Ehescheidung nur in Ausnahmefällen vorhanden sein wird. Die Trennungserfahrung, die jetzt verarbeitet werden muß, betrifft ja in vielen Fällen auch weit mehr als die äußere und innere Beziehung zu der relevanten Person, mit der man einen Großteil des eigenen Lebens gemeinsam verbracht hat.

Viele Männer holen in dieser Krise eine soziale Abnabelung nach, weil sie in der Trennung von der Ehefrau zum ersten Mal bewußt erfahren, was die Trennung von der Mutter wirklich bedeutet. Und auf seiten der Frau dürfte es im Verhältnis zum Ehemann und zum Vater eine ähnliche Vielschichtigkeit geben.

Zu den Schmerzen der Trennungserfahrung gehört zweifellos auch der Abschied von bisher unbedacht gebliebenen Idealbildern. Das eigene Selbst wird in seiner Verwundbarkeit wahrgenommen, die eigene Leidensfähigkeit erweist sich entgegen allen Erwartungen als sehr gering. Das andere Geschlecht wird in seiner Fragwürdigkeit entdeckt, was zu einer meist nur vorübergehenden extremen Abwertung führen kann. Der Pfarrerberuf, der heutzutage den Scheidungsvorgang noch immer kompliziert, verliert seine Attraktivität. Der Traum von einer Kirche, die eine Alternative zu staatlichen Paragraphen und Zwangsmaßnahmen darstellen sollte, wird von Grund auf erschüttert. Von der Dynamik des Scheidungsverfahrens werden alle relevanten Lebensbereiche erfaßt.

Was kann man lernen, wenn man die Trennung in ihrer ganzen Breite einigermaßen heil übersteht? Letztlich gewinnt man eine elementare Lebenserfahrung. Man lernt, Gott zu vertrauen, wenn das Vertrauen zum Menschen gescheitert ist. Man kann durch erzwungene Selbständigkeit eigene Stärken entdecken und die Erfahrung machen, daß man durch Niederlagen gewinnt. Man lernt leben, wenn man zu verstehen beginnt, daß zu diesem von Gott gegebenen Leben auch immer Trennungen, Abschiede, Verluste gehören.

V.

Nicht alle Betroffenen werden Ohnmacht, Schuld und Trennung beim Vorgang der Ehescheidung in gleicher Intensität erleben[6]. Vor allem in der jüngeren Generation zeichnet sich eine Haltung ab, die dieses Geschehen sehr viel nüchterner und auch in einiger emotionaler Distanz bei sich ablaufen sieht. Mindestens in den Gesprächen von dienstrechtlichem Belang präsentiert sich dann oft eine coolness, die abschreckend wirken mag, weil sie das Ausmaß des affektiven Betroffenseins vor anderen verbirgt. Die Erfahrung in der Beratungsarbeit zeigt, daß man sich auch in dieser Hinsicht vor allzu schnellen Urteilen hüten muß.

Auf jeden Fall gilt: Ehescheidung im Pfarrhaus ist nicht nur als Normenverstoß zu betrachten, sondern auch als eine elementare Krisenerfahrung. Die Frage der Berufstauglichkeit der betroffenen Pfarrer/innen gewinnt dadurch eine neue Perspektive. In den Erfahrungen von Ohnmacht, Schuld und Trennung kann pastorales Bewußtsein, wie in anderen Krisensituationen, wachsen und reifen.

Die Bearbeitung dieses Vorgangs erfolgt meistens auf zwei Ebenen, die in den Kirchengesetzen nicht immer genau unterschieden sind, in Seelsorge und Dienstaufsicht. Wie in der poimenischen Begleitung die rechtlichen Aspekte der Krise unvermeidlich durchgesprochen werden müssen, auch wenn sie nicht im Zentrum der Aufmerksamkeit stehen, so sollte die disziplinarische Untersuchung, die sich mit möglichen Normenverstößen beschäftigen muß, in ihrem Ziel auch darauf abgestellt sein, den inneren Wachstumsprozeß bei den Betroffenen nicht zu stören.

Die ungeliebte Liebe und
die mißbrauchte Theologie[1]

Triebhaftigkeit wird unter Menschen in vier Dimensionen bearbeitet:
- Psychologisch durch die Wünsche und Ängste, die Sexualität, Aggressivität und Dominanzstreben bei Individuen auslösen;
- sozial durch das Verbot und die Normen, die gemeinschaftsschädigendes Verhalten in der jeweiligen Gesellschaft tabuisieren;
- symbolisch durch kognitive Operationen, die zwischen beiden Bereichen vermitteln und das Verbot bzw. die Normen im Rahmen der jeweiligen Kulturtradition begründen;
- institutionell durch Sanktionen, die das Überschreiten des Verbots bzw. der Normen verhindern und bestrafen sollen.

Die Brisanz und die Aporien der gegenwärtigen Diskussion über Homosexualität in der Kirche werden auf diesem Hintergrund verständlich. Psychologisch gibt es natürlich auch unter Christ/innen Wünsche und Ängste gegenüber diesem Triebverhalten. Soziologisch besteht in der Kirche eine lange Tradition des Verbots von männlicher Homosexualität[2]. Aber Kirche und Theologie haben in der Gegenwart große Schwierigkeiten, die Verwerfung von Homosexualität und die Verfemung der Homosexuellen inhaltlich zu begründen. Darüber hinaus hat jedenfalls die evangelische Kirche nur noch bei ihren hauptamtlichen Mitarbeiter/innen die institutionelle Macht, diese von der Tradition her nicht geliebte Liebe zu untersagen bzw. zu bestrafen.

Dieser innerkirchliche Begründungsnotstand ist deutlich geworden im sogenannten »Fall Brinker«[3]. Die Dienstentlassung des hannoverschen Pastors wurde nicht mit den klassischen Argumentationsfiguren begründet. Die von ihm praktizierte Homosexualität wurde nämlich weder, im Gefolge der theologischen

Tradition, als Sünde bezeichnet noch, in der Terminologie der Schulmedizin, als Perversion charakterisiert. Vielmehr hat die hannoversche Landeskirche, wie vorher schon die »VELKD«, ein neues Argument konstruiert, um die Dienstentlassung zu legitimieren: »Die öffentliche Verkündigung der Kirche ist ... in dem Augenblick berührt, in dem ein kirchlicher Mitarbeiter oder Pastor eine homosexuelle Partnerschaft als der Ehe gleichwertig in seiner Verkündigung und in seinem Leben in der Kirche vertritt.«[4] Diese Argumentation läßt sich im einzelnen folgendermaßen entfalten: Das christliche Verständnis von Ehe ist ein konstitutiver Bestandteil des Verkündigungsauftrags. Wer davon in Predigt und Praxis abweicht, kann den Dienst der Verkündigung nicht wahrnehmen. Pfarrer, die ihre Homosexualität praktizieren, sind für den kirchlichen Dienst untauglich, nicht weil sie als Sünder oder als pervers zu bezeichnen wären, sondern weil sie eine Gefährdung des kirchlichen Ehemodells darstellen. Wie es in einer anderen VELKD-Verlautbarung ausdrücklich heißt: »die Kirche will nicht durch ihre Amtsträger ein Wegweiser in die Homosexualität sein.«[5]

Dieser Wechsel in der Argumentationsstrategie ist in verschiedener Hinsicht aufschlußreich. Zunächst enthalten die kirchlichen Aussagen die Gefahr einer unsachgemäßen Selbstdefinition, weil sie die Verkündigung der Kirche an die Verbreitung einer bestimmten Eheanschauung binden. Das ist deswegen fatal, weil Gegenstand der Verkündigung in der Kirche nur die Artikel des Glaubens sein können. Eine Kirche, die ein bestimmtes Ehemodell zum Kriterium des christlichen Lebens wie der kirchlichen Verkündigung erhebt, setzt letztlich einen neuen Glaubensartikel und gerät damit für lutherisches Denken in die Nähe der Ketzerei[6].

Die kirchlichen Aussagen enthalten aber auch insofern eine Unterstellung, als sie suggerieren, die Betroffenen hätten die Absicht und die Möglichkeit, ihre sexuellen Lebensformen anderen aufzudrängen. Was Schwule in der Gesellschaft und in der

Kirche erwarten, ist ja nicht die Übernahme ihrer sexuellen Praxis durch alle anderen, sondern die Duldung und die Anerkennung dieser Lebensform als eines sozial respektablen Verhaltens. Leider grassieren in diesem Zusammenhang gerade in der Kirche noch viele Angstphantasien. So hat ein ansonsten sehr nüchtern denkender Theologe die aufschlußreiche Warnung ausgesprochen: »In Kenntnis dieser besonderen Versuchlichkeit ist die Wahl eines pädagogischen, vielleicht auch eines pastoralen Berufes nahezu ein Verbrechen. Man kann eben eine Strohhütte nicht mit einer brennenden Fackel betreten.«[7]

Die kirchlichen Aussagen enthalten schließlich den instruktiven Beleg dafür, daß das Verbot von Homosexualität nicht mit seinen wechselnden Begründungsfiguren identisch ist. Was man ursprünglich als religiösen Greuel eingestuft und dann medizinisch als Abartigkeit verurteilt hat[8], das wird nun als Konkurrenz zur Ehe zwischen Heterosexuellen bezeichnet. Die verbale Diskreditierung ist damit entfallen, aber die sozialen Folgen bleiben erhalten. Ein homosexuell praktizierender Mann kann auch nach dieser neuesten Begründung kein Pfarrer sein. Homosexualität scheint also eine Form sexuellen Verhaltens zu sein, das mindestens im Wirkungsbereich der christlichen Tradition ein hohes Maß an Abwehr auslöst, die rational nur teilweise zu begründen und sicher auch mit rationalen Argumenten nur teilweise zu verändern ist. Das Verbot von Homosexualität scheint in den Wünschen und Ängsten so tief verankert zu sein, daß es weitgehend resistent ist gegen die kognitiv angelegten Bearbeitungsversuche in der Moderne.

In den folgenden Überlegungen bleiben alle Fragestellungen genetischer Art ausgeklammert. Nicht erörtert werden also die folgenden Probleme:
1. Wie entsteht Homosexualität?[9]
2. Woher rührt das Verbot von Homosexualität?
3. Warum löst Homosexualität bei vielen Menschen erhebliche Abwehrbemühungen aus?

Indem unterschiedliche Wahrnehmungsmuster von Homosexualität in der Kirche bewußt gemacht werden, verfolgt dieser Beitrag eine doppelte Absicht. Er will auf der einen Seite durch die Einsicht in die Begründungsvielfalt die Kraft einzelner theologischer Argumente erschüttern. Und er will auf der anderen Seite am Beispiel der Homosexualität die Notwendigkeit von theologischer Selbstkritik einschärfen. Gerade im Blick auf den Wechsel der theologischen Einwände gegen homosexuelle Praxis kann deutlich werden, wie sehr sich Theologie von ihrer gottbezogenen Aufgabe entfernen und in den Dienst menschlicher Triebabwehr treten kann. Das Verbot der ungeliebten Liebe in der Kirche braucht nicht seinerseits verboten zu werden, wenn bewußt gemacht wird, wie variabel und widersprüchlich die Argumente für seine Begründung sind.

Die rechtsradikalen Horden signalisieren unübersehbar: Schwule sind »Ausländer«, die man wie Asylanten, Juden und Behinderte jagen muß. Die Angst vor dieser ungeliebten Liebe hat auch die Kirche zum Mißbrauch ihrer Theologie verführt. Vielleicht können Überlegungen, in denen die Theologie ihre eigenen Argumentationszwänge reflektiert, auch dazu helfen, das Verhältnis der Kirche zu den Schwulen freier zu gestalten.

I.

Die Grundform für den Umgang mit menschlicher Triebhaftigkeit bildet in jeder Gesellschaft das aufgeschriebene oder unaufgeschriebene Gesetz. Die Wahrnehmung von Welt und das Erleben zwischenmenschlicher Beziehungen wird dabei von der Frage bestimmt: Was ist erlaubt, was ist verboten? Das Leben hat sich nach Vorschriften zu richten, die die Eltern, die Gemeinschaft, der Staat, die Religion erlassen haben. Wer gegen solche Vorschriften mit einzelnen Handlungen verstößt, hat Strafe verdient und im Extremfall sein Leben verwirkt.

Jahrhundertelang hat die Kirche den Zugang zur Lebenswirklichkeit der Homosexuellen von der Bibel als einem Gesetzbuch aus gesucht. Man hat sich dabei auf biblische Aussagen aus zwei Überlieferungsblöcken gestützt, nämlich auf das alttestamentliche Heiligkeitsgesetz und auf paulinische Sätze im Neuen Testament. Im Heiligkeitsgesetz wird homosexuelles Verhalten als »Greuel« bezeichnet: »Wenn einer bei einem Manne liegt, wie man bei einem Weibe liegt, so haben beide einen Greuel verübt. Sie sollen getötet werden« (3. Mose 20,13, ähnlich 18,22). Homosexualität zwischen Männern wird mit diesem Stichwort nicht als Sittlichkeitsvergehen, sondern als Religionsverbrechen charakterisiert, als Verstoß gegen das Bundesrecht Jahwes, und ist ähnlich tabuisiert wie der Geschlechtsverkehr mit Verwandten und Tieren[10], wie Ehebruch, Kindesopfer und Geisterbeschwörung. Sicher darf man annehmen, daß es in all diesen Verboten um die Abgrenzung gegen gebräuchliche Praxis in der kanaanäischen Umwelt geht. Auch Paulus setzt sich gegen die hellenistische Umwelt ab, wenn er Homosexualität als Ausdruck, Konsequenz und Strafe von Gottlosigkeit betrachtet. Für die ganze heidnische Welt gilt – und die Homosexualität ist seiner Meinung nach ein besonders drastisches Beispiel dafür: »Gott hat sie an ihre Begierden dahingegeben« (Römer 1,24-27; ähnlich 1. Korinther 6,10, 1. Timotheus 1,10).

Man hat die Härte und Eindeutigkeit dieser ablehnenden Aussagen immer wieder durch verschiedene Argumente einzuschränken versucht. Man hat darauf hingewiesen, daß es sich in der breiten biblischen Tradition nur um Einzelaussagen handelt. Man hat betont, daß hier gar nicht homosexuelles Verhalten untersagt wird, daß es vielmehr um die Abgrenzung gegen die Fremdgötterei geht. Zugespitzt ergibt das die These: »Nicht die Homosexualität, sondern die Form, in der diese damals betrieben wurde, die kultische Prostitution, wird abgelehnt.«[11] Schließlich könnte man auch darauf hinweisen, daß es in der Bibel selbst Beziehungen zwischen Männern gibt, die zwar nicht direkt homosexuell, aber doch stark homoerotisch gefärbt sind. 1. Samuel 18 schildert die leidenschaftliche Freundschaft zwischen David und Jonathan, dem Sohn Sauls; dabei ist ausdrücklich auch von Liebe die Rede, von der Schönheit der beiden jungen Männer und von Körperkontakten zwischen ihnen. Im Johannes-Evangelium nennt Jesus seine Jünger »Freunde«, und es gibt unter ihnen einen, den er besonders lieb hat (Johannes 13,23). Einzelne Forscher haben schließlich auch die Hypothese vertreten, daß die harsche Ablehnung der Homosexualität, wie sie Paulus praktiziert, als eine Reaktionsbildung zu verstehen sei, als Ausdruck eines inneren Konflikts, der für den Apostel besonders bedrohlich ist und deshalb besonders stark abgewehrt werden muß[12].

Trotz all dieser Einschränkungsversuche wird man im Bereich des Gesetzes aber das Fazit nicht umgehen können, daß hier eine eindeutige Ablehnung von Homosexualität vorliegt, die durch den religiösen Kontext nicht relativiert, sondern verstärkt wird. Homosexualität ist für die Überlieferungsblöcke, die wir zitiert haben, eine Form menschlicher Sünde. Das Problem ist nur, ob man biblische Aussagen so einfach und direkt in die Gegenwart übertragen darf. Christ/innen essen heute Schweinefleisch; und wer es nicht tut, der hat dafür keine religiösen, sondern diätetische oder medizinische Gründe. Christ/innen lassen Frauen unverschleiert in den Gottesdienst gehen, obwohl Paulus das mit großer Strenge verboten hat (1. Korinther 11,13). Christ/innen mögen gegenüber Schwulen Ängste entwickeln; aber das alttestamentliche Tötungsgebot würden sie nur in Ausnahmesituationen, wie etwa zur Zeit des Nationalsozialismus, praktizieren. Diese Hinweise sollen deutlich machen: Bei der Übertragung biblischer Aussagen in die Gegenwart können wir nicht einfach von Vorschriften ausgehen, die wir auf jeden Fall übernehmen müssen. Vielmehr stellen wir bei der ethischen Urteilsbildung im Blick auf umstrittene Handlungen mindestens drei Fragen: Was für Motive hat das handelnde Subjekt? In welcher Form läuft die Handlung ab? Was für Folgen hat die Handlung für die betroffenen Personen? In der Sexualität bedeutet das, daß nicht mehr einzelne sexuelle Handlungen als solche ethisch fragwürdig oder gar verboten sein können, sondern daß bei der Bewertung immer die näheren Umstände der Handlung zu klären sind. Aus welchen Motiven wird Sexualität praktiziert: Aus Liebe? Aus Lust? Oder aus Herrschsucht? In welchen Formen findet sie statt? Läuft sie gewalttätig ab, gilt sie Minderjährigen? Und welche Folgen hat diese Handlung? Wem nützt, wem schadet das praktizierte Verhalten? Im Rahmen einer solchen komplexen Betrachtung kann die Liebe zwischen zwei Männern ethisch akzeptabel und der erzwungene Geschlechtsverkehr in der Ehe höchst problematisch sein. Das Gesetz, das den Strom der Triebe in gesellschaftliche Formen kanalisieren soll, kann, wenn es unbedacht zur Anwendung kommt, Lebendigkeit ersticken, ja, wie die Geschichte zeigt, Leben töten.

II.

Wer in Kirche und Theologie einigermaßen modern sein will, kann heute die Bibel nicht mehr als simples Gesetzbuch lesen. Dennoch besteht die Möglichkeit, sich aus der biblischen Tradition Argumente gegen die Akzeptanz von Homosexualität zu besorgen, und zwar dadurch, daß man ein biblisches Menschenbild konstruiert. Ein solches Bild, wie es in vielen Zusammenhängen entworfen wird, beruht auf der Generalisierung des gesamten biblischen Materials zu einem Problembereich. Es enthält eine Abstraktion gegenüber den konkreten Konflikten, die in der Ursprungssituation der Texte diskutiert worden sind. Und es enthält eine Tendenz zur Idealisierung, weil widersprüchliche Aussagen nicht berücksichtigt werden und die Absicht der Modellbildung im Vordergrund steht. Das Menschenbild, das man entwirft, soll für das Leben von Christ/innen ein Vorbild liefern.

Ein solcher Versuch, so zurückhaltend und ungesetzlich er auf den ersten Blick wirken mag, ist nur scheinbar ein Fortschritt. In Wirklichkeit sind die Aussagen eines solchen Bildes viel subjektiver, weil das Modell nach dem individuellen Gutdünken des jeweiligen Autors entworfen ist. Und diese Aussagen sind auch sehr viel schwieriger diskutierbar und kritisierbar, weil sie meistens so allgemein sind, daß alle denkbaren Einwände zunächst ins Leere zu laufen drohen.

Horst Hirschler hat auf diesem Wege die Ablehnung der Homosexualität zu begründen versucht. Im biblischen Gottes- und Menschenbild sieht er drei Grundaussagen enthalten, daß nämlich »der Mensch geschaffen ist als Mann und Frau, in dieser Polarität aufeinander bezogen und voneinander unterschieden, ein Leben lang aneinander gewiesen«[13]. Das Nein zur Homosexualität ist deswegen für ihn unumgänglich, weil in dieser Gemeinschaft genau jene Strukturen fehlen, die von der biblischen Überlieferung her »in allen geschichtlich unterschiedlichen Formen der Zweierbeziehung festzuhalten sind: die Polarität von Mann und Frau, die Weitergabe des Lebens und die lebenslange Verantwortung füreinander«[14].

Im Zusammenhang mit dem kirchlichen Begründungsnotstand bei der Abwehr von Homosexualität erscheint hier eine weitere Argumentationsfigur auf dem Plan, genauer gesagt, die Konkurrenzaussage ist hier breiter entfaltet. Homosexualität ist nicht einfach Sünde oder Perversion, sondern unzulässiges, weil dem biblischen Menschenbild widersprechendes Partnerschaftsmodell. Diese Argumentation hat aber einen entscheidenden Fehler. Die vorgelegte Wesensbeschreibung von mitmenschlich gelebter Sexualität ist weder spezifisch biblisch noch spezifisch christlich, sondern begegnet in fast allen Menschheitskulturen, wenn auch in unterschiedlichen Zuordnungsformen. So stellt der Verhaltensbiologe Irenäus Eibl-Eibesfeldt fest: »Wir kennen bisher keine Menschengruppe, die ohne eheliche Dauerpartnerschaft lebt. Und in den meisten Fällen lebt ein einzelner Mann mit einer einzelnen Frau in ehelicher Gemeinschaft.«[15] Was hier als biblische Eigenart ausgegeben wird, ist also weltweit verbreitet. Und natürlich muß die Grundform sozial gestalteter Sexualität die Zulassung oder mindestens Tolerierung anderer Sozialformen nicht unbedingt ausschließen[16].

Wie wenig klärend das Hantieren mit einem Menschenbild ist, zeigt auch ein Stichwort, das bei Hirschler eher am Rande erscheint, aber in der Diskussion um Homosexualität eine lange Vorgeschichte aufweist. Diese Form sexueller Praxis galt und gilt als defizitär, weil bei ihrem Vollzug »die Weitergabe des Lebens« unmöglich ist[17]. Schwule nehmen die Aufgabe der Arterhaltung nicht wahr. Daß dieses Argument nicht tragfähig ist, zeigt seine Anwendung auf heterosexuelle Beziehungen. Mindestens für eine protestantische Ethik sind auch Sexualkontakte sinnvoll, die wegen der Anwendung von Verhütungsmitteln nicht der Fortpflanzung, sondern allein der zwischenmenschlichen Begegnung dienen. Auch ist der Ehecharakter von Paaren, die aus physiologischen Gründen unfruchtbar bleiben, nie prinzipiell in Frage gestellt worden. Schließlich untersuchen neuere soziobiologische Überlegungen derzeit, welchen Beitrag Homosexuelle zur »Weitergabe des Lebens« leisten. Allerdings handelt es sich dabei nicht um Phänomene der Arterhaltung, sondern der Kulturtradition, also nicht um die Weitergabe der Gene, sondern um die Überlieferung der Meme: »Wenn der Erfolg eines Mems entscheidend davon abhängt, wieviel Zeit ein Mensch darauf verwendet, es geschäftig an andere Menschen weiterzugeben, dann ist jeder Augenblick, der auf andere Dinge verwendet wird als auf die Mem-Übermittlung, vom Standpunkt des Mems verschwendete Zeit. Komplizierte Mem-Sequenzen und umfassende Mem-Komplexe – etwa die Fähigkeiten zur Bildhauerei, zum Komponieren von Oratorien, zum Schreiben von Romanen, zum Ballettanz, zum Ausspinnen mystischer Weltkonzepte, zum Praktizieren magischer Schamanen-Riten – haben vielleicht größere Überlebensmöglichkeiten, wenn die Mem-Träger von der zeit- und energieraubenden Kinderaufzucht freigestellt sind – und damit von einer heterosexuellen Ehe, die einen Großteil der Aufmerksamkeit in diese Richtung lenkt. ... Das Einhalten eines Zölibates und das Praktizieren von Homosexualität könnten beides brauchbare Mem-Strategien sein, um diese Replikationsrate zu erhöhen.«[18] Gerade eine christliche Theologie sollte sich vergegenwärtigen, daß die Weitergabe des Lebens nicht an biologische Akte gebunden ist.

»Du sollst dir kein Bildnis machen« (2. Mose 20,4) – die alte Warnung vor dem Anfertigen von Kultobjekten hat auch in der Gegenwart einen guten Sinn. So wenig man den lebendigen Gott in ein totes Götzenbild einfangen kann, so wenig läßt sich die Vielfalt menschlicher Verhaltens- und Beziehungsmöglichkeiten in ein einziges Modell pressen. Solche Wesensbilder können tödliche Wirkungen haben, weil sie zur Ablehnung und Verurteilung lebender und leidender Menschen führen. Bei den Betroffenen lösen sie Gefühle der Diskriminierung, der Scham und der Minderwertigkeit aus. Ihre schrecklichste Folge besteht aber darin, daß alles, was dem idealen Modell nicht entspricht, von den anderen für unmenschlich, ja für untermenschlich erklärt werden muß. Man darf in der Kirche niemals vergessen: Alle Schreckensherrschaft in der Geschichte, aller Terrorismus der Gegenwart besteht in der Exekution von Menschenbildern.

III.

Gerade deshalb hat man in der Nachkriegszeit auch in Theologie und Kirche ein neues Verhältnis zu den Schwulen gesucht. Unter dem Schock der faschistischen Ausrottungsversuche hat man allmählich Verständnis für die psychischen Probleme und die sozialen Schwierigkeiten dieser Gruppe gewonnen. Nicht Vernichtung, sondern Betreuung, nicht Ausmerzung, sondern Fürsorge sollte der ungeliebten Liebe im kirchlichen Raum jetzt zuteil werden. Der mörderische Vernichtungsfeldzug, den die Nationalsozialisten gegen Juden und Schwule unternommen hatten, hat in der Kirche mindestens dies bewirkt: Der Blick für die militanten Implikate der eigenen Tradition wurde geschärft, eine neue Wahrnehmung bedrohter Menschengruppen mußte gewonnen werden. Christliche »Liebe« drückte sich jetzt dergestalt aus, daß homosexuelle Praxis als ultima ratio, als äußerste Möglichkeit des Lebens im Glauben nun den Betroffenen zugestanden wurde. Grundlage für diese eingeschränkte Zulassung bildete aber nach wie vor die theologische Disqualifikation des Phänomens. Für H. Thielicke kann Homosexualität nicht einfach »der normalen Schöpfungsordnung der Geschlechter gleichgestellt werden, sondern sie ist deren habituelle oder aktuelle Entstellung (Depravierung). Demzufolge ist der Homosexuelle aufgefordert, seinen Status nicht a priori zu bejahen oder gar zu idealisieren«, vielmehr muß er bereit sein, »sich im Rahmen des Möglichen behandeln oder heilen, gleichsam ›in Ordnung bringen‹ zu lassen.«[19] Auf der anderen Seite rechnet Thielicke mit einer großen Zahl von Menschen, deren Homosexualität konstitutionell vorgegeben ist, für die eine »Umstellung und Normalisierung« also ausgeschlossen erscheint[20]. Auch dürfte das vorrangige Ziel christlicher Seelsorge, »zu einer Sublimierung des homosexuellen Triebes anzuleiten«[21], nicht immer zu realisieren sein. Für diesen Fall will Thielicke die Möglichkeit einer verantwortlich gestalteten Sexualpraxis nicht grundsätzlich ausschließen, wobei er die entscheidenden Aussagen beide Male in Frageform formuliert: »Das ethische Problem für den konstitutionell Homosexuellen, der infolge seiner Vitalität nicht imstande ist, Askese zu üben, wird am besten so formuliert werden: ob er bereit ist, innerhalb des Koordinatensystems seiner Konstitution die mann-männliche Verbundenheit ethisch verbindlich zu gestalten.« – »Man muß hier ernstlich fragen, ob – selbstverständlich nur unter Erwachsenen! – hier nicht ähnliche Normen zu gelten hätten wie im normalen Verhältnis der Geschlechter.«[22]

Sehr viel uneingeschränkter hat schon vor 30 Jahren Th. Bovet die Realität homophiler Liebe wahrnehmen können: »Nehmen wir das persönliche Gewissen als höchste Instanz an, dann werden wir feststellen, daß der echte Homophile die Liebe zum gleichen

Geschlecht, die Treue gegen den gleichgeschlechtlichen Partner, die selbstlose Hingabe an ihn und die geistige Vertiefung dieser Liebe genau gleich erlebt wie der ›Normale‹ die Liebe zum anderen Geschlecht.«[23] Deshalb konnte er auch homosexuelle Partnerschaft mit jenen Kriterien messen, die für zwischenmenschliche Sexualkontakte überhaupt gelten. Auch für den Homosexuellen lautet demnach die ethische Forderung: »Entweder du gehst eine tiefe personale Beziehung ein, die ein Paar bildet – die erotische Beziehung hat nur einen Sinn, wenn sie Ausdruck einer solchen Partnerschaft ist –, oder du bekennst dich zum ledigen Stand und verzichtest damit, genau wie der Heterosexuelle, auf flüchtige Geschlechtsbeziehungen.«[24] Nur anmerkungsweise ist zu erwähnen, daß das kirchliche Verbot, homosexuelle Partner im Pfarrhaus wohnen zu lassen, sie unter Umständen genau in jene flüchtigen Sexualkontakte treibt, die die evangelische Ethik nach Th. Bovet zu kritisieren hat[25].

Wenn man sich an die jahrhundertelange Verfemung der Homosexuellen auch und gerade im Raum der Kirche erinnert, dann sind diese Äußerungen aus der Nachkriegszeit unbedingt als Fortschritt zu werten. Homosexualität wird noch immer nicht als eigenständige Praxis menschlicher Sexualität angenommen. Aber das Leben der Homosexuellen wird in seinen psychischen Konflikten und sozialen Spannungen mindestens wahrgenommen. Natürlich enthält die damals gefundene Lösung weiterhin zwei gravierende Problempunkte. Auf der einen Seite zeigt sich sehr deutlich, daß die Zuwendung zu den Homosexuellen im Sinne von Verständnis und Betreuung die vorgegebene Unterscheidung zwischen sexuell normalen und sexuell anomalen Menschen nicht aufhebt. Ganz konsequent gibt es nach wie vor in der Kirche eine Zwei-Klassen-Gesellschaft. Auf der einen Seite stehen die Subjekte, auf der anderen Seite die Objekte der Liebe. Volle Anerkennung genießt nur, wer nicht nur Objekt der Liebe, sondern auch Subjekt von Liebe und Verkündigung sein darf. Deshalb ist die Zulassung von homosexuellen Pfarrern in diesem Rahmen nach wie vor ausgeschlossen. Denn sie repräsentieren eine sexuelle Praxis, die man nur im äußersten Fall tolerieren kann. Hier liegt nun auch der zweite problematische Punkt dieses Lösungsvorschlags. Die Beseitigung der Homosexualität durch Ausrottung der Homosexuellen steht nicht mehr auf dem Programm. Aber die positive Zulassung von homosexueller Praxis ist nur unter extremen Restriktionen möglich. Wenn man den Aussagen Thielickes folgt, dann bedeutet das: Nur wer seine sexuelle Prägung als Krankheit definiert, darf sie in geordneten Bahnen auch praktizieren. Die theologische Unfähigkeit, Homosexualität im Rahmen einer christlichen Ethik zu akzeptieren, wird hier als praktische Aufgabe den Homosexuellen selbst zugewiesen. Die soziale Stigmatisierung, die den Homosexuellen in vielen Bereichen der Gesellschaft widerfährt, soll nun durch theologische Reflexion auch noch internalisiert werden. Was äußerlich, wenn auch eingeschränkt, gelebt werden darf, muß innerlich auf jeden Fall gebrochen erlebt werden. Gibt es aus diesem Teufelskreis von gesellschaftlicher Verfemung und religiöser Verurteilung einen Ausweg?

IV.

Peter von der Osten-Sacken hat auf einen merkwürdigen Widerspruch im paulinischen Schrifttum hingewiesen, der gerade für den kirchlichen Umgang mit der Homosexualität höchst bedeutungsvoll ist. Es handelt sich um die Spannung zwischen Reinheit und Freiheit. Auf der einen Seite wollte der Apostel sicherlich die christlichen Gemeinden von Homosexualität rein halten, wie die schon angeführten Bibelstellen eindeutig bekunden. Auf der anderen Seite predigt er in seinen brieflichen Äußerungen sehr vehement die Freiheit vom Gesetz. Das war damals eine höchst revolutionäre Einstellung, deren Tragweite wir, denen uns die paulinischen Aussagen selbstverständlich erscheinen, gar nicht mehr ausmessen können. Konkret müßte sich diese Freiheitsbotschaft nach Meinung von der Osten-Sackens heute als Kritik an den kirchlichen Konventionen auswirken. »Eine solche Konvention dürfte unter heutigen Voraussetzungen die in vielen kirchlichen Kreisen geläufige Einstellung zur Homosexualität sein, d.h. ihre Einstufung als Unreinheit, als Perversion oder Verirrung, die bzw. deren Träger von der Gemeinde mehr oder minder fernzuhalten sind.«[26]

Über Zuwendung und Liebe hinaus, die homosexuelle Menschen angesichts der allgemeinen Verteufelung zu betreuen versuchen, soll hier die Botschaft evangelischer Freiheit das Verhältnis zur Homosexualität und zu den Homosexuellen bestimmen. Man kann diese für viele sicherlich anstößigen Überlegungen sogar noch einen Schritt weiterführen, indem man auf den Konfliktbereich achtet, an dem für Paulus der Streit um die Freiheit vom Gesetz aufgebrochen ist. Die Entdeckung der Rechtfertigungslehre hat ja in der Geschichte der Kirche an den entscheidenden Stellen einen sehr zweifelhaften Sitz im Leben gehabt. Für Luther ist die Freiheit des Evangeliums aufgebrochen in der Auseinandersetzung um den Ablaßhandel, also im Umgang mit dem gesellschaftlichen Lebensmittel Geld. Für Paulus ist der Streit um christliche Freiheit notwendig geworden an einer noch intimeren Stelle der Lebensvermittlung, nämlich im Streit um die Notwendigkeit von Beschneidung. Der Sinn dieses körperbezogenen Initiationsrituals, das ja keineswegs nur in Israel praktiziert worden ist, ist in der Forschung höchst umstritten. Auf jeden Fall ist hier religiöses Handeln auf die menschliche Triebproblematik bezogen, entweder als symbolische Darstellung von Kastration oder als Ausdruck des Männerneids[27]. Auf jeden Fall gehört zur Logik dieses Ritus, daß der Mensch, um leben zu dürfen, ein symbolisches Opfer zu bringen hat; der Zugang zum Leben erschließt sich durch einen aggressiven Akt gegenüber männlicher Lebenskraft.

Indem Paulus den Beschneidungsritus als Zugangsbedingung für die Christengemeinde verwirft, hat er eine Entscheidung getroffen, die weit über den Bereich einer zeremoniellen Norm hinausgeht. Der Weg zum Gott des Evangeliums führt nicht über den Eingriff und den Angriff auf die menschliche, mindestens auf die männliche Sexualität. Um der Kirche Jesu Christi angehören zu dürfen, ist keine vorhergehende Veränderung geschlechtlicher Prägungen nötig. Selbstverständlich muß dann auch die Zulassung zu jenem Amt, das in der Kirche die Freiheitsbotschaft zu verkündigen hat, freigehalten werden von gesetzlichen Regelungen, die ein äußeres oder inneres Opfer homosexueller Praxis verlangen. Christ/innen haben im Rahmen der Freiheit, die ihnen im Evangelium geschenkt wird, ein geordnetes und ordentliches Leben zu führen. Aber um in diesen Freiheitsraum zu gelangen und um diese Freiheitsbotschaft zu verkündigen, ist eine Preisgabe der eigenen Lebenskraft im Sexualbereich nicht gefordert.

V.

Homosexualität unter dem Vorzeichen evangelischer Freiheit ist eine Möglichkeit menschlichen Lebens. Christ/innen müssen für sich entscheiden, ob und in welcher Form sie von dieser Möglichkeit praktischen Gebrauch machen wollen. Homosexualität ist keine Sünde, keine Perversion, auch keine Krankheit und keine Unreinheit. Sie schließt, wie jede Form von Sexualität, ein hohes Maß an Integrationsfähigkeit ein. Es gilt, den eigenen Körper und seine Lust zu akzeptieren. Es gilt, auch den begehrten Körper des anderen in seiner Schönheit und Unheimlichkeit anzunehmen. Und es gilt schließlich, sich des Begehrens, das zwischen den Körpern fließt und das die Körper zueinander führt, nicht zu schämen. All das, was Menschen in ihrer Leiblichkeit zueinander treibt und im Zustand des höchsten Glücks miteinander verbindet, ist schmutzig nur, wenn Geist und Seele verdorben sind. »Hört mir alle zu und begreift's! Es gibt nichts, was von außen in den Menschen hineinkommt, das ihn unrein machen könnte; sondern was aus dem Menschen herauskommt, das ist's, was den Menschen unrein macht« (Markus 7,14f.). Die Freiheit des Evangeliums führt zur Annahme der eigenen Person in allen Dimensionen.

Die Annahme der eigenen Person umfaßt auch und gerade die Annahme der eigenen Bisexualität. Damit ist nicht das Phänomen einer genetischen Codierung oder hormonellen Steuerung gemeint und erst recht nicht bestimmte Formen bisexueller Praxis. Es geht um die Wahrnehmung einer psychischen Ausstattung, die den Antagonismus zwischen Homosexualität und Heterosexualität umgreift. »Der Unterschied zwischen Bi- und Heterosexualität liegt in der Verdrängung der homosexuellen Komponente in letzterer. Der Unterschied zwischen Bi- und Homosexualität besteht hingegen im Ausschluß der heterosexuellen Komponente, aus biographischen und/oder hormonellen Gründen. Die Bisexualität ebnet die Geschlechtsunterschiede weitgehend ein und läßt die androgyne Natur des Menschen hervortreten. Homosexualität folgt im wesentlichen den gleichen Verhaltensmustern und unterscheidet sich von der Bisexualität nur durch die Betonung exklusiver Praktiken. Und im gewissen Sinn folgen Heterosexuelle derselben Linie. Jegliche Sexualität entstammt der gleichen Quelle und bedient sich ähnlicher Ausdrucksmittel. Die Kategorisierung psychosexuellen Verhaltens vernebelt, statt zu klären.«[28]

Horst Hirschler hat recht, wenn er beim Streit um die Zulassung von homosexuellen Pfarrern gegen »die Vermutung persönlicher Probleme« beim Kontrahenten polemisiert[29]. In der Tat ist eine öffentliche Diskussion mit persönlichen Unterstellungen unmöglich. Aber gleichzeitig muß man auch zugestehen, daß wir in der Auseinandersetzung um sexualethische Fragen nicht einfach als körperlose, rein geistige, englische Wesen miteinander diskutieren, sondern als Menschen aus Fleisch und Blut, voller Triebhaftigkeit, mit ganz spezifischen Wünschen und Ängsten. Durch die innere Annahme der eigenen Bisexualität kann ich das eigene Menschsein, aber auch das Menschsein der anderen akzeptieren, kann ich verstehen, warum ich als Mann eine Frau oder einen anderen Mann begehre, und kann ich auch die verstehen, die ihre

Sexualität in anderen Formen leben, als ich sie für angebracht halte. Annahme in diesem Sinn ist etwas anderes als die Annahme des Schattens, von der C.G. Jung so oft redet. Ihm geht es um die Integration des Dunklen, des Unheimlichen, auch des Bösen in die eigene Individualität. Homosexualität in dieser Perspektive wäre dann immer noch eine Belastung und eine Bedrohung. Die Annahme aus der Freiheit des Evangeliums ist immer auch eine Entdeckung, die Wahrnehmung neuer Lebensperspektiven, die Eröffnung neuer Lebensmöglichkeiten. Sie vollzieht sich als Versöhnung mit den eigenen Wünschen und Ängsten und aktualisiert sich in der Freigabe für mögliche Begegnungen.

VI.

Nicht die gesetzliche Vorschrift, nicht ein ideales Menschenbild, auch keine diakonische Fürsorge können sexualethische Konflikte bestehen oder gar lösen helfen, sondern allein jene Freiheit des Evangeliums, die zur Annahme des eigenen und des fremden Lebens ermutigt. Auch in der Kirche ist das Verhältnis zur Homosexualität und zu den Homosexuellen unvermeidlich immer ein Selbstverhältnis gewesen, jedenfalls für die Kirchenmänner[30]. Frauen erleben den Kontakt mit Schwulen in vieler Hinsicht als wohltuend, weil die manchmal animierenden, manchmal auch mühsamen Beziehungsfiguren von Anmache und Abwehr in dieser Interaktion entfallen. Männer aber werden durch einen solchen Kontakt auf jeden Fall mit den Wünschen und Ängsten ihrer eigenen Sexualität konfrontiert, und die Beziehung zwischen Fremdverhalten und Selbstverständnis kann hier in doppelter Richtung verlaufen.

Auf der einen Seite bildet die Annahme der eigenen Sexualität mit den vielfältigen Formen des Begehrens, des Vollzugs und des Erlebens die Voraussetzung für die Annahme einer fremdartigen sexuellen Lebensform[31]. Auf der anderen Seite kann der alltägliche, etwa berufsbedingte Kontakt mit Homosexuellen auch zu einer vertieften Selbstwahrnehmung führen. Nicht in dem von der Kirche befürchteten Sinn der Verführung zur Homosexualität, sondern als Möglichkeit zur Integration eigener bisher verdrängter oder unterdrückter Triebregungen[32].

Der Streit um die Wahlfähigkeit von homosexuellen Pfarrern ist deswegen für die Kirche so wichtig, weil es um die Möglichkeit geht, durch den Kontakt mit konkreten Personen Ängste, die in der Gesellschaft grassieren, abzubauen. Der immer wieder geäußerte Vorwurf, es würden dadurch auch Wünsche geweckt, Pfarrer dürften nicht zum Wegweiser in die Homosexualität werden, verkennt einen entscheidenden Grundzug menschlicher Sexualität. Derartige Wünsche werden ja nicht von außen geweckt, sondern sind latent schon vorhanden und gewinnen immer mehr an sozialer Sprengkraft, je heftiger die Verdrängungsmechanismen sind. Soziale Integration und individuelle Integriertheit bedingen sich wechselseitig. Deshalb kann die Zulassung von homosexuellen Pfarrern in vieler Hinsicht auch zu einer gelasseneren Wahrnehmung eigener und fremder Sexualformen helfen.

Das gilt nicht nur im Blick auf unsere Wünsche und Ängste, sondern das gilt im Kern auch für das Verbot, das am Ausgangspunkt und im Zentrum jeder menschlichen Gemeinschaft steht. Menschen unterscheiden sich von anderen Lebewesen nicht zuletzt darin, daß sie unzuträgliche Triebregungen durch Verbote tabuisieren. In der Diskussion um Homosexualität geht es freilich nicht um die Anwendung oder Beseitigung eines Verbots, sondern um die Frage, ob das die Gemeinschaft konstituierende Verbot heute in Richtung Homosexualität praktiziert werden kann. Zum aktuellen Begründungsnotstand in der Kirche gehört, daß homosexuelle Praxis derzeit weder aus religiösen noch aus medizinischen Gründen disqualifiziert werden kann. Die Konkurrenz zur Ehe, die man in dieser Verlegenheit konstruiert hat, ist allzu deutlich als Notbehelf erkennbar, so daß sie auf die Dauer nicht aufrechterhalten werden kann. Das gesellschaftliche Verbot, das sexuelle Triebhaftigkeit sozial reguliert, läßt sich also mit theologischen Gründen nicht aufrechterhalten. Allzulange ist Theologie in diesem Zusammenhang zur Triebabwehr mißbraucht worden. Wahrscheinlich ist es viel sinnvoller, dieses Verbot in zwei anderen Normen zur Geltung zu bringen. Auf jeden Fall wird eine evangelische Sexualethik nämlich behaupten müssen: 1. Niemand darf gegen seinen Willen zu homosexueller Praxis gezwungen werden. 2. Jedermann/frau ist der berufliche Kontakt mit homosexuellen Männern auch in der Kirche zuzumuten.

Die Normen sind variabel, das Verbot ist konstitutiv. Gerade im Umgang mit Homosexuellen kann deutlich werden, wie gefährlich eine Anwendung des Verbots in gesellschaftlicher und kirchlicher Praxis für die Betroffenen sein kann. Aber gerade deshalb muß man auch betonen, daß es vom Evangelium befreites, zur Annahme des Gegebenen versöhntes Leben im Glauben nur geben kann, wenn auch die Versöhnung mit dem unvermeidlichen Verbot gelingt. Das Verbot ist notwendig für die Entwicklung des einzelnen, weil nur mit seiner Hilfe die Symbiose zwischen Mutter und Kind aufgebrochen und Individuation in Gang gesetzt werden kann. Das Verbot ist notwendig für die Familienstruktur, weil das Verhältnis zwischen den Generationen und den Geschwistern befriedet werden muß durch das Inzesttabu. Das Verbot ist notwendig auch für die Arbeit in der Kirchengemeinde. Wer dort als Repräsentant der attraktiven Macht des Heiligen auftritt, darf die ihm zufließenden Sympathien nicht für eigene sexuelle Interessen mißbrauchen. Daß in der Kirche ein Begründungsnotstand gegenüber der Homosexualität besteht, ist sicher als Fortschritt zu werten, vor allem wenn daraus praktische, institutionelle Konsequenzen erwachsen, wie sie in einzelnen landeskirchlichen Stellungnahmen schon deutlich werden[33]. Daß in der Gesellschaft ein permanenter Begründungsnotstand herrscht, wenn es um die Fixierung lebenssichernder Grenzen geht, etwa im Zusammenhang mit Atomenergie und Gentechnik, zeigt die Problematik unserer Generation, die in jeder Hinsicht Grenzen verändert und die die Weitergabe des Lebens nur wahrnehmen kann, wenn sie neue Formen von individueller und kollektiver Begrenzung entwickelt.

Aids in der Sicht der EKD[1]

Ich beginne mit einigen Zitaten. Es geht hier um »Gottes Verhängnis und seine Strafe«, um »eine der Plagen, die Gott in seinem Zorne schickt, und wir können nur noch im Unglück versinken, wenn die Zahl unserer Sünden den Herrn dazu veranlaßt hat, uns seine schützende Hand zu entziehen und uns eine solche Geißel zu senden«. Hier ist der Zorn Gottes am Werk, der es zuläßt, »daß diese Krankheit das Menschengeschlecht befiel, um seine Lüsternheit und zunehmende Fleischeslust einzudämmen«[2].

Diese Sätze könnten einer Stellungnahme aus konservativ-evangelikalen Kreisen entstammen. Aids gilt als Strafe Gottes für sexuelle Libertinage. Sie wurden aber vor mehr als 400 Jahren von M. Luther und von A. Paré, einem berühmten französischen Arzt aus dem 16. Jahrhundert, formuliert. Mit solchen und ähnlichen Worten hat man damals das Aufkommen von Pest und Syphilis kommentiert. In ihnen zeigen sich die grundlegenden Interpretationsmuster, mit deren Hilfe das religiöse Bewußtsein durch die Jahrhunderte hin kollektive Krisen wie Naturkatastrophen, Seuchen[3] oder Kriegsereignisse immer verarbeitet hat. Angstauslösende, lebensbedrohliche Vorgänge wurden auf der einen Seite als Strafe Gottes verstanden, als Vergeltung für gottloses bzw. sexuell ungezügeltes Treiben. Und sie wurden auf der anderen Seite zum Anlaß genommen, zur Buße zu rufen. Ein anglikanischer Prediger verschreibt 1613 gegenüber der Seuche folgende Medizin: »Zuerst faste und bete; dann nimm ein Viertel der Reue Ninives, gib zwei Glauben an Christi Blut zu, mit aller Hoffnung und Nächstenliebe, deren du fähig bist, und gieße alles in das Gefäß des reinen Gewissens.«[4]

Erst auf dem Hintergrund dieser herkömmlichen kirchlichen Äußerungen wird auch die Eigenart der gegenwärtigen Stellungnahmen in ihrem spezifischen Profil deutlich. Auch Aids mobilisiert ja erhebliche Ängste, die unweigerlich in religiöse Dimensionen hineinreichen. Angstauslösende Faktoren gibt es hier eine ganze Menge. Dazu gehört die Gefährlichkeit von Sexualität, die Mischung von Lust und Schrecken, die gerade im christlichen Erleben immer konstatiert worden ist und die jetzt einen Anhalt in der Realität zu finden scheint. Dazu gehört auch die Übertragungsgefahr durch Blut, durch jenes archaische Lebenselixier, durch das die tödlichen Viren weitergegeben werden. Dazu gehört vor allem der Tatbestand, daß im Akt intensivster Lebensfreude das dunkle Verhängnis des Todes droht. Und dazu muß man vor allem die Unsichtbarkeit und die vorläufige Unheilbarkeit des Aids-Virus zählen – das löst Phantasien von einer schleichenden Gefährdung aus und scheint die Grenze menschlicher Therapiemöglichkeiten nachdrücklich zu demonstrieren.

Um so erstaunlicher ist, daß jedenfalls die offiziellen kirchlichen Dokumente auf die alten Verarbeitungsschemata religiöser Krisenbewältigung durchweg verzichten. Mir liegen für die hier auszubreitende Übersicht folgende Stellungnahmen vor[5]:

– Die Erklärung des Ökumenischen Rates der Kirchen »Aids und die Kirche als heilende Gemeinschaft« (1986),
– Brief des Landesbischofs der evangelisch-lutherischen Kirche in Bayern an die Gemeinden (1987),
– Gemeinsame Stellungnahme der Augsburger Kirchen zum Thema Aids (1987),
– Diakonisches Werk Bayern: Mit Aids leben (1987),
– Die Stellungnahme der EKD: Aids – Orientierungen und Wege in der Gefahr (1988).

Angesichts des offiziösen Charakters werde ich mich im folgenden weitgehend auf das letztgenannte Dokument konzentrieren[6].

I.

Die kirchlichen Dokumente sind durchweg bemüht, sich jeder Verurteilung zu enthalten. An die Stelle des religiösen Urteils, das man früher gewagt hat, treten jetzt Analyse und Information.

Eine ungebrochene Rezeption der Strafanschauung ist in der Gegenwart auch gar nicht möglich. Die religiöse Lesbarkeit der Welt ist für das neuzeitliche Bewußtsein reduziert[7], die Zeichendeutung gegenüber der Geschichte ist gerade dem deutschen Protestantismus aus naheliegenden Gründen verwehrt. Allzuoft haben die, die vom Gericht Gottes geredet haben, diese Drohung in der gesellschaftlichen Realität inszeniert. Und auch heute noch tendieren Gruppen, die die alten religiösen Denkmuster bemühen, gerne dazu, die schwierigen Probleme durch simple Isolierungsmaßnahmen lösen zu wollen. In den offiziellen kirchlichen Dokumenten wird die Wirklichkeit nicht vorschnell mit religiösen Kategorien überdeckt, sondern soll sie gegen emotionale Verzerrungen durch Ängste und Unsicherheitserfahrungen freigelegt werden[8].

Deshalb enthalten die meisten Texte auch mehr oder weniger breite Ausführungen über die »Schwierigkeiten in unserer Gesellschaft, mit diesen umzugehen« (EKD 4ff.). Schuldzuweisungen und Herabsetzungen stehen im Raum; Stigmatisierung und Ausgrenzung der Betroffenen drohen; Verdrängung und Übertreibung schaukeln sich in der öffentlichen Diskussion wechselseitig hoch. Indem die kirchliche Stellungnahme auf solche Vorgänge hinweist, will sie die ablaufenden Mechanismen bewußt machen und einen Beitrag zu ihrer Aufhebung leisten. Die Ängste, die in der Gesellschaft auch heute zweifellos vorhanden sind, werden also nicht, wie in den alten Texten, bearbeitet, indem sie durch die Drohung mit dem Gericht Gottes noch verschärft werden, sondern sie werden in das öffentliche Bewußtsein gehoben, um bedrohliche Entwicklungen aufzuhalten.

Derselben Absicht gemäß werden auch »Situation und Betroffenheit der einzelnen Gruppen« (EKD 6ff.) ausführlich geschildert, wobei das mißverständliche Stichwort von den »Risikogruppen« durch den neutralen Begriff »Risikoverhalten« ersetzt werden soll. Einzelne Fallschilderungen sollen offensichtlich eine emotionale Annäherung an die Betroffenen erlauben

(EKD 8ff.), ebenso sollen Informationen über Ansteckungswege die Angst vor Körperkontakten relativieren (EKD 3f.). Diese Zurückhaltung in der Beurteilung hat freilich ihre gewisse Kehrseite dort, wo es um den Kommentar zu politischen Entscheidungen und polizeirechtlichen Maßnahmen geht. Der Text spricht den »Zielkonflikt zwischen den bürgerlichen Freiheitsrechten und den gesundheitspolitischen Erfordernissen der Gesellschaft« ausdrücklich an (EKD 15,5f.). Er kritisiert auch »eine parteipolitische Profilierung ..., wie dies in der gegenwärtigen Situation hier und dort versucht wird« (EKD 18). Aber er hält sich strikt an die Maxime, die die Einleitung so formuliert: »Die Kirchen beteiligen sich an den kontroversen Diskussionen um Maßnahmen und Strategien nicht, sondern konzentrieren sich auf die seelsorgerlichen und diakonischen Dimensionen des Themas« (EKD 2).

Hier zeigen sich deutlich erste Grenzen einer kirchlichen Stellungnahme, die in ihren gesellschaftspolitischen Äußerungen vom Proporz-Pluralismus bestimmt ist. Eine religiöse Verurteilung findet nicht mehr statt, aber es wird auch kein politisches Urteil mehr deutlich. Damit fällt diese kirchliche Stellungnahme hinter frühere Äußerungen aus dem protestantischen Bereich einigermaßen zurück. Gerade in den beiden letzten Jahrzehnten hatte sich im deutschen Protestantismus ein breiter Konsens gebildet, daß zur Seelsorge und zur Diakonie immer auch die politische Dimension gehört und daß die Einzelfallhilfe immer eingebettet sein muß in eine gesamtgesellschaftlich profilierte kirchliche Positionalität. Wenn jetzt eine gewisse Differenzierung zwischen Diakonie und Gesellschaftspolitik wieder versucht wird, dann ist das im Blick auf die intendierte Hilfe für bestimmte Bevölkerungsgruppen sicherlich zu verstehen, aber dann steht die Kirche auch in der Gefahr, die eigenen Möglichkeiten in der öffentlichen Diskussion von sich aus zu beschränken.

II.

Analyse und Information statt Urteil – so könnte man das erste Ziel der kirchlichen Dokumente angeben, wenn man sie mit älteren religiösen Texten vergleicht. Auch der Bußruf, der früher immer dazugehört hat, scheint verschwunden zu sein. Statt Umkehr wird Zuwendung proklamiert. Das Bewußtmachen von Unsicherheit und Ängsten, die Weitergabe von Sachinformationen sollen helfen, Berührungsblockaden abzubauen und Isolierungstendenzen zu überwinden.

Das Stichwort, unter dem der Text dieses Anliegen entfaltet, lautet »Annahme«. Vorbild für kirchliches und humanes Verhalten, wie es heute notwendig ist, bildet das Handeln Jesu gegenüber den Armen. »Zu seiner Zeit waren Kranke aufgrund geltender Gesetze, Normen und Berührungsängste isoliert und aus der Gemeinschaft ausgeschlossen. Auf diese Menschen ging Jesus zu. Er setzte sich über Gesetze und Vorschriften hinweg. ... er begegnete ihnen auch nicht in frömmlerischer, rechthaberischer Überheblichkeit« (EKD 12). An diesem Vorbild sollen sich heute mindestens die Christen in unserer Gesellschaft orientieren.

Inhaltlich enthält der Begriff der Annahme für den Umgang mit Aids zwei Aspekte. Einmal geht es um die Annahme der Kranken durch andere Menschen, also darum, »dem Kranken nicht einen Sonderbereich zuzuweisen, ihn als Gefahrenherd, als Sünder, als Risikoperson und Außenseiter abzustempeln« (EKD 12). Die Christen haben sich in der Gegenwart als »Solidargemeinschaft der Schwachen« zu bewähren, im Gespräch und in praktischer Hilfe, sind auch dort herausgefordert, »wo sittliche Grundüberzeugungen zu einer Barriere werden« (EKD 13). Mit dieser letzten Aussage deutet sich ein Grundkonflikt an, der die meisten kirchlichen Äußerungen charakterisiert, der Konflikt nämlich zwischen intendierter Diakonie und vorausgesetzter Norm.

Gleichzeitig geht es auch darum, den Erkrankten bei der Annahme ihrer Krankheit zu helfen. Was in der begrifflichen Formulierung einigermaßen abstrakt erscheint, ist ein langwieriger, beschwerlicher, aber sicherlich auch hilfreicher Prozeß.»Den Infizierten bzw. akut Erkrankten stellt sich die Aufgabe, ihr Schicksal nicht als ein ihnen fremdes abzulehnen, sondern auch in der Situation von Anfechtung, Leiden und Verlöschen Versöhnung zu erfahren – Versöhnung mit Gott, den Mitmenschen und sich selbst« (EKD 13). Allein bei dieser subjektiven Verarbeitung des eigenen Schicksals hat dann auch die Schuldfrage ihren angemessenen, wahrscheinlich sogar unumgänglichen Sitz (EKD 4,6).

Den alten Bußruf hat der kirchliche Text also durch das Stichwort Annahme ersetzt. Das scheint ein Fortschritt zu sein und ist wohl auch einer. Man wird aber fragen müssen, ob bei alledem nicht doch ein Stück Buße fehlt, die Buße der Kirche selber nämlich. Die Stigmatisierung und Isolierung von einzelnen Bevölkerungsgruppen hat ja nicht erst mit Aids eingesetzt. Und nicht einfach die Gesellschaft als ganze, sondern speziell die Vertreter der Kirchen haben Homosexuelle, Drogenabhängige und Prostituierte durchweg als Menschen zweiter Klasse betrachtet. Werden unter der Drohung von Aids nicht einfach soziale Abwehrmechanismen verstärkt, die es schon immer gegeben hat? Müßte die Kirche in dieser Situation nicht nur zur Annahme rufen, sondern sich auch bußfertig zu ihrer eigenen Vergangenheit bekennen und von dieser Vergangenheit eben deshalb auch distanzieren?

Es gibt einen auffälligen Passus, der m.E. verrät, daß innerkirchliche Ängste hier noch immer am Werk sind. Der Abschnitt über die Homosexuellen unterscheidet sich von der Beschreibung der anderen Gruppen durch zwei sprachliche Besonderheiten. Einmal werden die Schwulen wegen ihrer Eigeninitiative nachdrücklich gelobt: »Diese Haltung verdient Achtung und Anerkennung« (EKD 7), so als ob diese Menschen bei kirchlichen Lesern noch immer der Aufwertung bedürfen. Und, was noch aufschlußreicher scheint, dieser Abschnitt enthält zwei Kollektivsubjekte. Er redet zuerst von den Homosexuellen und fährt dann fort: »Viele Christen haben die Aufgabe erkannt, diesen Menschen, die in einer begründeten Angst leben, Aufgeschlossenheit und Hilfe entgegen zu bringen« (EKD 7). Wie ist das Verhältnis beider Kollektivsubjekte zueinander? Will die Formulierung ausdrücken, daß nicht alle Homosexuellen Christen sind, was ja zweifellos zutrifft? Oder wird hier nicht nur eine quantitative, sondern auch eine qualitative Differenz konstatiert – auf der einen Seite die Homosexuellen, auf der anderen Seite die Christen? Mindestens die Tatsache, daß hier so doppeldeutig formuliert wird, scheint mir aufschlußreich zu sein.

Insgesamt kann man diese Bedenken zu der Frage zuspitzen: Wie kann die Kirche damit rechnen, daß ihre gut gemeinten Sätze von den Betroffenen akzeptiert werden, nachdem sie jahrhundertelang von dieser Kirche verstoßen wurden? Wie will man sie in der sozialen Diakonie erreichen, ohne sich von den inhumanen Strategien und Reaktionen der Vergangenheit ausdrücklich zu distanzieren? Daß sie gegenüber den Betroffenen auf den Bußruf verzichtet, ist sicher ein Zeichen ihrer gewachsenen Weisheit. Aber kann es für die Kirche selbst eine soziale und religiöse Annahme geben, ohne daß sie ihrerseits umkehrt?

III.

Die Erklärung der EKD hat die Drohung mit dem Gericht durch die Information und den Bußruf durch die Einladung zur Annahme ersetzt. Sie hat auf einen eindeutigen Standpunkt in der politischen Auseinandersetzung verzichtet, weil ihre Absicht seelsorgerlich ist. Und stößt mit dieser Absicht dort an Grenzen, wo sie nicht reflektiert, daß sie als Institution traditioneller Normen ein spezifisches Image aufweist. Diese Normen werden jetzt nicht mehr per Strafandrohung und Bußruf zur Geltung gebracht, sondern in der einladenden Weise von sachlicher Offenheit und mitmenschlicher Zuwendung. Aber das ändert nichts an dem Tatbestand, daß diese Normen nach wie vor eindeutig vertreten werden. Man kann in der Tat die ethische Problematik und die seelsorgerliche Absicht nicht ineinander aufgehen lassen. Insofern ist die Spannung zwischen Norm und Diakonie in diesem Fall wie in anderen Situationen unvermeidlich.

Leitmotiv ist in diesem Zusammenhang das Stichwort Verantwortung. Die grundlegende Definition ist weit über den kirchlichen Raum hinaus akzeptabel: »Verantwortlich ist diejenige Lebenspraxis, die das Leben – das eigene wie das des Nächsten – zu bewahren und zu fördern trachtet. Verantwortungslos dagegen ist jedes Tun, das dem Leben schadet und es gefährdet« (EKD 11). Ein solches Verständnis von Verantwortung, das sich am Ziel der Lebenserhaltung orientiert, schließt ein, daß man sich kirchlicherseits dem Gebrauch von und der Werbung für Kondome nicht in den Weg stellt. Menschen haben zu allen Zeiten auch außerehelich Sexualität praktiziert und müssen gerade in der Gegenwart dafür verantwortliche Verhaltensformen entwickeln.

Dieses allgemeine Prinzip der Verantwortung verengt sich an verschiedenen Stellen des Textes zum Leitbild der Ehe, das noch immer als die dem christlichen Glauben einzig gemäße Praxisform von Sexualität proklamiert wird. »Die Grundlage der sexuellen Beziehung sieht die evangelische Ethik in der Ehe als einer monogamen partnerschaftlichen Beziehung« (EKD 14). Diese Aussage ist sachlich falsch und sprachlich verworren.

Die Ehe ist nicht, wie man sich kirchlicherseits wünschen möchte, Grundlage, sondern soziale Gestaltung von Sexualität. Und noch ein weiterer Zentralsatz ist auffällig ungenau formuliert: »Evangelische Sexualethik hat eine gelebte und erfüllte Sexualität in der dauerhaften Partnerschaft der Ehe zum Ziel« (EKD 14). Mindestens das Beispiel der Homosexuellen zeigt, daß die Lebenswirklichkeit von Sexualität nicht allein im Modell der heterosexuellen Ehe sozial gestaltet werden kann. Und manche offiziellen Vertreter der Kirche, die dieses Modell in der Öffentlichkeit lautstark verteidigen, werden ihre heranwachsenden Kinder wegen vorehelicher Sexualkontakte nicht einfach verteufeln.

Hier wäre eine größere Offenheit für neue Beziehungstypen wünschenswert.

Die evangelische Kirche hat sich mit ihrer Erklärung die Buße in eigener Sache erspart, kann sich aber im normativen Kontext einen verdeckten Bußruf doch nicht verkneifen. »Die Krankheit Aids nötigt uns ein neues Nachdenken darüber auf, wie Liebe, Vertrauen, dauerhafte Partnerschaft, Ehe und geschlechtliche Gemeinschaft zusammengehören« (EKD 15). Man muß im Kommentar zu diesem Satz ausdrücklich konstatieren, daß hier keine direkte Empfehlung zur außerehelichen Enthaltsamkeit ausgesprochen wird. Der Anregung zur Nachdenklichkeit, wie sie hier empfohlen wird, kann ja kein Vernünftiger widersprechen wollen. Dennoch weckt die Zwielichtigkeit der Formulierung ungute Gefühle. Die Ehe, die lebenslang in Treue und Ausschließlichkeit geführt wird, ist keine so sinnlose und unmenschliche Institution, daß es zu ihrem vertieften Verständnis einer so schrecklichen Krankheit bedürfte.

Die EKD hat in ihrer Erklärung das alte Schema religiöser Krisenbewältigung aus guten Gründen modifiziert. An die Stelle von Strafandrohung und Bußruf sind Analyse, Information und Einladung zur Annahme getreten. Ziel ist gesellschaftliche Ent-Spannung im Interesse leidender Menschen. Daß sie in gesellschaftspolitischer Hinsicht so zurückhaltend auftritt, daß sie sich die Auseinandersetzung mit den Ambivalenzen der eigenen Tradition erspart und daß sie für den strukturellen Konflikt zwischen Norm und Diakonie keine einleuchtende Lösung gefunden hat, dürfte mit dieser Zielstellung in Zusammenhang stehen. Die Kirche will Leidenden helfen, ohne konservative Politiker und konservative Gemeindeglieder vor den Kopf zu stoßen. Das ist in Zeiten gesellschaftlicher Aufgeregtheit durchaus etwas wert.

»Du kannst nicht treu sein!«

I.

Du kannst nicht treu sein, nein, nein, das kannst du nicht, auch wenn dein Mund mir wahre Liebe verspricht« – das hat ein Karnevalsschlager behauptet. Den Konflikt zwischen verbalen Versprechungen und vitalen Bedürfnissen, zwischen Triebhaftigkeit und Personalität, zwischen Wollen und Vollbringen hat er damit auf eine skeptische, aber auch sehr einprägsame Formel gebracht.

Wie sehr das Problem der Treue das Leben der Menschen schon immer beschäftigt hat, zeigt nicht zuletzt die kulturelle Symbolik. Epen und Romane, Dramen und Filme haben in immer neuen Variationen das eine Thema verhandelt: Wie sehr können Mann und Frau sich aufeinander verlassen? Wie sehr können sie die Verbundenheit ihrer Liebe lebenspraktisch auf Dauer realisieren?

Frühe Modelle für diesen Konflikt präsentiert Homers »Odyssee«, die nach Meinung von H.E. Troje auch »verschiedene Leitbilder für das Verhalten von Ehepaaren in Krisensituationen während und nach längerer Trennung durch berufliche Pflichten der Männer« bereitstellt[1]. Auf der einen Seite steht Klytaimnestra, deren Ehebruch den Gattenmord und den Muttermord unausweichlich zur Folge hat. Auf diesem dunklen Hintergrund erscheint die Treue Penelopes, die alle Zudringlichkeit der Freier abgewehrt hat, in umso hellerem Licht. »Das ist die eigentliche Moral der ganzen Geschichte: die wartende, treue, in Abwehrlisten erfindungsreiche, besonnene Gattin wird in der Welt und zu Lebzeiten belohnt durch die Rückkehr des Mannes und durch erneuerte Liebesfreuden in der Ehe.«[2]

Der »Liebesverrat« ist seitdem ein konstantes Thema der Literatur[3]. »Cosi fan tutte«! Wie kunstvoll Verführungen inszeniert werden, wie betörend das Werben erklingen kann und wie fragil das menschliche Herz in dieser Situation reagiert, kann man in den Arien von Mozarts Oper erfahren. Aber auch Filmindustrie und Fernsehproduktionen gewinnen ihre Attraktivität daraus, daß sie Beziehungen zwischen Mann und Frau nicht nur im Schema von Kämpfen und Siegen, von Finden und Verlieren, von Lust und Leid, sondern auch im Konflikt zwischen Treue und Treulosigkeit durchspielen.

In der symbolischen Verarbeitung dieser elementaren Spannung durch die Kulturindustrie treten immer wieder zwei gegenläufige Tendenzen hervor. Das ist auf der einen Seite das Bedürfnis nach Sicherheit und Geborgenheit. Odysseus will auch nach mehrjähriger Abwesenheit eine treue Ehefrau wiederfinden. Das ist auf der anderen Seite aber auch die Suche nach Neuentdeckung und Selbstgewinn. »Neue Liebe, neues Leben« hat der junge Goethe in diesem Zusammenhang proklamiert[4]. Zum Abenteuer des Lebens gehört auch in den Liebesgeschichten ein Wechselspiel zwischen Kontinuität und Diskontinuität. Alles behalten und alles entdecken – so lautet manche Wunschphantasie.

II.

»Du kannst nicht treu sein!« Heute will man es mancherorts gar nicht mehr. Was einmal als Ausdruck menschlicher, vor allem männlicher Schwäche beklagt und entschuldigt wurde, wird zwischen Ehepaaren heute einverständig geregelt. Aus dem verschämten Ehebruch im Rahmen einer bürgerlichen Doppelmoral ist das Programm einer »offenen« Ehe geworden. Die sexuelle Treue soll durch soziale Treue abgelöst werden.

Besonders einflußreich dürfte dabei das Buch der beiden amerikanischen Anthropologen N. und G. O'Neill geworden sein. Auf der Basis von offener Kommunikation, flexibler Rollenverteilung, Gleichberechtigung und Vertrauen versprechen sie »Liebe und Sexualität ohne Eifersucht«[5]. Dazu gehört bei reifen, voneinander unabhängigen Menschen der Verzicht auf jeden Besitzanspruch.

»Die sexuelle Treue ist der falsche Götze der traditionellen Ehe, ein Götze, dem sich die Partner immer aus unrichtigen Beweggründen unterwerfen (oder widersetzen), oftmals auf Kosten gerade der Beziehung, die der Götze eigentlich beschützen sollte. Die Sexualität ist in der traditionellen Ehe unlösbar mit dem Begriff der Treue gekoppelt, so daß sie das A und O der Liebe ist, statt daß man sie in ihrer richtigen Perspektive als einen von vielen Aspekten der viel größeren Realität der Liebe sieht. In der traditionellen Ehe ist die Treue der Maßstab für begrenzte Liebe, vermindertes Wachstum und bedingtes Vertrauen. Diese Fixierung zerstört jedoch ihren eigenen Zweck, weil sie zu Täuschungen ermutigt, den Keim zu Mißtrauen legt und das Wachstum beider Partner und somit auch ihre Liebe begrenzt.«[6]

Wenn die personalen Voraussetzungen eines reifen, unabhängigen Menschen gegeben sind, dann werden Außenbeziehungen nicht mehr als Bedrohung erlebt. »In der offenen Ehe, in der jeder der beiden Partner seiner eigenen Identität sicher ist und dem anderen vertraut, wird es immer neue Möglichkeiten für zusätzliche Beziehungen geben, und die offene Liebe (im Gegensatz zur begrenzten) kann sich auf andere ausweiten. Die Treue muß kein so eng ausgelegter Begriff sein wie in der traditionellen Ehe, in der man sofort Untreue wittert, sobald man jemanden anders als den Partner anschaut. In der Partnerschaft kann man auch Vertreter des anderen Geschlechts kennenlernen, ihre Gesellschaft genießen und mit ihnen Freundschaft schließen. Solche Beziehungen wirken sich auf eine offene Partnerschaft nur belebend und bereichernd aus. – Natürlich können solche Außenkontakte auch sexuellen Kontakt einschließen. Die Entscheidung darüber liegt einzig und allein bei dem betreffenden Partner. Wenn Partner, die in einer offenen Gemeinschaft leben, auch außerhalb ihrer Ehe sexuellen Kontakt haben, dann geschieht das auf der Basis ihrer eigenen Beziehung zueinander. Da sie die reife Liebe kennen, einander wirklich vertrauen und fähig sind, aus sich herauszugehen und auch andere Menschen zu lieben, können sie diese Liebe und dieses Vergnügen zurück in die eigene Ehe bringen, ohne Eifersucht zu erregen.«[7]

Hier scheint beides miteinander verknüpft: die Bindung und die Offenheit, das Vertrauen und die Freiheit, die Geborgenheit und der Fortschritt im Lebensprozeß. In der Kirche mag man geneigt sein, solche Entwürfe sehr schnell zu disqualifizieren. Was andere als Liberalisierung überholter Sexualschranken verteidigen, wird theologischerseits schnell kritisiert, weil es die gute Ordnung des Lebens zerstört und den verantwortungslosen Konsum auch im Intimbereich fördert[8]. Demgegenüber muß man zunächst einmal betonen: Nicht einfach um die Verteidigung traditioneller Normen kann es hier gehen und auch nicht einfach um das Problem der Realisierbarkeit solch neuer Modelle. Vielmehr hat im Mittelpunkt immer die Frage zu stehen: Mit welchen Menschen rechnen solche Konzepte der Partnerbeziehung? Was versprechen sie denen, die sich daran orientieren? Und was machen sie aus denen, die sich darauf einlassen?

»Du kannst nicht treu sein!« – Der Karnevalsschlager läßt sich auch als Kommentar zur christlichen Dogmatik interpretieren. Die hat in ihrer Lehre von der Sünde immer behauptet, daß die Verläßlichkeit zwischenmenschlicher Beziehungen höchst brüchig ist, und damit ein sehr nüchternes, unromantisches Bild auch des verliebten Menschen gezeichnet. Das Verbot des Ehebruchs in der traditionellen Moral hat den Menschen viel abverlangt, aber es hat sie nicht überfordert, weil auch der Verstoß in die Logik des Verbots integriert war. Wenn die Konzepte einer »offenen« Ehe mehr meinen als Warenkonsum im Intimbereich, dann formulieren sie damit einen Anspruch an die Beteiligten, der angesichts der Dynamik der Sexualität überaus hoch ist. Hier wird eine Balance zwischen Innen- und Außenbeziehung, zwischen dem Selbst und den mehrfachen Anderen verlangt, von der Menschen um der Lebensfülle willen immer geträumt haben, die auch in manchen Fällen lebenspraktisch gelungen sein mag, die aber mindestens ebenso häufig den Betroffenen über den Kopf wächst.

»Du kannst nicht treu sein!« Das Modell einer »offenen« Ehe fügt korrigierend hinzu: »Du mußt es auch gar nicht.« Und führt damit, gegen die eigene Absicht, viele in eine Odyssee der Beziehungskrisen.

III.

Der aktuelle Diskurs über Treue und Treulosigkeit kennt eine weitere Variante. Die Parole lautet in diesem Fall: Du darfst nicht treu sein, jedenfalls nicht unbedingt gegenüber dem/der Anderen. Treue als Lebensmaxime bleibt unangefochten, aber eine neue Konfliktdimension ist entdeckt. Treue gegenüber dem/der Anderen und Treue gegenüber dem Selbst können in Widerspruch zueinander geraten. Ich darf nicht treu sein wollen, weil mich eine solche Haltung in den Entwicklungsmöglichkeiten meiner Person beschränken würde. »Selbstverwirklichung« meint dann nicht einfach die Legitimation für ein hedonistisches Lebenskonzept, sondern wird radikal als Selbstfindungsprinzip verstanden[9]. Um meiner Freiheit willen, aber auch aus Respekt vor dem/der Anderen darf ich mich selbst nicht so festlegen, daß ich mich selber in eine Beziehung gebunden oder gar darin gefangen fühle. Die Treue sich selbst gegenüber kann in dieser Sicht nicht so gelebt werden, daß sie immer auch die Treue einem Anderen gegenüber umfaßt.

Christliches Denken tendiert in einer solchen Situation sehr schnell und einseitig in eine bestimmte Richtung. Der beschriebene Konflikt wird dann als Alternative zwischen Egoismus und Altruismus verstanden. Und in diesem Rahmen kann es nur eine Entscheidung geben. Der Anspruch des Selbst muß zurückgenommen werden, die Bedürfnisse des/der Anderen genießen in der Regel uneingeschränkte Priorität. Die Liebe muß im internen Streit der Treue für den Anderen votieren.

Muß sie? Die Formulierung ist deshalb verdächtig, weil sie darauf aufmerksam macht, daß es hier nicht einfach um eine Tendenz der Liebe, sondern um einen Automatismus gehen könnte. A. Gruen hat in seinem Buch über den »Verrat am Selbst« dargestellt, wie Menschen durch die frühkindliche Erziehung in eine Furcht vor der Freiheit geraten. Angesichts der Übermacht gebieterischer Eltern sind viele darauf programmiert, »Freisein mit Ungehorsam gleichzusetzen«[10], und Liebsein bedeutet dann zur anderen Seite hin Unterwerfung. Verantwortung, Freiheit und Treue sind auf einer solchen Grundlage gar nicht miteinander vereinbar. Denn »das eigene Selbst wird zum Feind. Die Flucht vor der Verantwortung ist zutiefst die Furcht, ein eigenes Selbst zu haben. Es ist nicht Furcht vor einer abstrakten Verantwortung, sondern es ist die Verantwortung, sich selbst zu verwirklichen, die uns bedroht. Unsere eigene Lebendigkeit und die des anderen machen uns Angst. Bricht diese Lebendigkeit doch einmal durch, so steigt Wut auf, und wir selber wenden uns gegen unsere eigene Freiheit. Es ist die Lebendigkeit selbst, gegen die wir uns stellen.«[11] Rettung aus diesem Dilemma verspricht dann nur der Gewinn von Macht; denn Lebensgewißheit, die nicht auf Selbstvertrauen basiert, muß durch Herrschaft über andere abgestützt werden. »Freiheit meint dann Erlösung von, nicht Verbindung mit den eigenen Bedürfnissen. Dadurch wird Freiheit in ein Streben nach Macht pervertiert, d.h. in ein Streben nach Eroberung von Dingen außerhalb des zurückgewiesenen Selbst. Der Besitz von Dingen und Lebewesen wird, so verspricht es uns die Gesinnung unserer Kultur, uns Sicherheit bringen. Tatsächlich aber trennen uns die daraus entstehenden zahlreichen künstlichen Bedürfnisse nur noch mehr von uns selbst.«[12]

Natürlich ist auch ein Ausbruch aus der Unterwerfungshaltung nicht einfach deren Überwindung. Und vieles, was an »Selbstverwirklichung« praktiziert wird, wiederholt nur die Flucht vor dem Selbst, dessen Wirklichkeit man noch gar nicht entdeckt hat. Auf der anderen Seite muß man aber in der Tat prüfen, inwieweit das Treuegebot gegenüber dem Anderen nicht einfach Ausdruck einer Unterwerfungsmentalität ist. Menschen, die auf dieser Grundlage miteinander auskommen wollen, werden den Teufelskreis zwischen Verlustangst, Machtanspruch und Ausbruchsversuch nur schwer überwinden. Du darfst nicht treu sein! Jedenfalls nicht so, daß in der Beziehung zum anderen Menschen einfach infantiler Gehorsam repetiert wird.

IV.

Cosi fan tutte! Die einen müssen nicht treu sein, die anderen dürfen es nicht. Sehr viele sind es auch gar nicht. Vor allem durch empirische Erhebungen ist die Ehe-Moral des öffentlichen Bewußtseins entscheidend verändert worden. Als 1948 in den Vereinigten Staaten und 1954 in Deutschland die Untersuchungen des Kinsey-Reports über das sexuelle Verhalten von Frauen und Männern veröffentlicht wurden, konnten diejenigen, die außereheliche Beziehungen unterhielten, entdecken, daß sie keineswegs eine Minderheit darstellten. Auch wenn die Statistiken nach Geschlecht, Alter und Bildungsgrad variierten, war die Zahl derer, die in ihrem eigenen Leben dem offiziellen Ideal ehelicher Treue nicht folgten, erheblich. Und einzelne Befragungen in der Gegenwart vermitteln den Eindruck, daß nicht mehr außereheliche Sexualkontakte, sondern eheliche Exklusivität die Ausnahme bildet.

Über die normativen Wirkungen empirischer Erhebungen ist wenig bekannt. Mindestens für eine Generation, deren Sexualerziehung noch weitgehend nach rigiden Prinzipien erfolgt ist, wird man solche Wirkungen durchaus unterstellen dürfen. Was bisher verboten und von einzelnen mit mehr oder weniger schlechtem Gewissen dennoch praktiziert worden war, das konnte nun qua Statistik als legitimiert gelten. Der moralische Verhaltenskodex wurde durch den faktischen Verhaltenskonsens abgelöst. Die Statistik gewann auf diese Weise eine ethische Dimension.

In diesem Zusammenhang wird auch verständlich, daß das Thema Ehebruch im Massenmedium Film eine neue Lösungsvariante erhielt. Bis in die Nachkriegsjahre hinein wurde es fast ausschließlich in zwei Modellen behandelt. Die Komödien präsentierten Dreiecksgeschichten, in denen mit der Möglichkeit eines außerehelichen Kontakts gespielt wurde, in denen es aber durch Verzicht oder durch glückliche Fügung niemals zum äußersten kam. Die Frau blieb, wie es E. Lubitsch in unnachahmlicher Weise gezeigt hat, trotz einer bedrohlichen Vergangenheit in der Situation aktueller Verführung »Angel«. Wurde die Grenze der Treulosigkeit überschritten, dann folgten die alten Filme dem archaischen Muster: Ehebruch wurde mit dem Tode bestraft, durch Krankheit, durch Unfall oder durch ein Duell, wie es beispielsweise M. Ophuls in »Madame de ...« dargestellt hat. Nur in Ausnahmefällen konnte es eine Versöhnung geben, und noch seltener war ein glücklicher Neubeginn für die, die durch die Zerstörung einer Ehe zueinander gefunden hatten. So oder so, das Verbot des Ehebruchs blieb in den Filmen bis in die 50er Jahre hinein gewahrt[13]. Erst dann wird die Überschreitung der Treue-Grenzen fast selbstverständlich. Und das hat nicht nur mit veränderten Moralvorstellungen zu tun, sondern wahrscheinlich auch mit der statistisch gewonnenen Einsicht, daß die überlieferten Normen in der Lebenspraxis der Zeitgenossen schon lange relativiert sind.

Cosi fan tutte! Die sexualwissenschaftlichen Erhebungen konnten auch deswegen sozialpsychologische Wirkungen haben, weil die Verfasser die gewonnenen Daten unvermeidlich interpretieren mußten. Biologie, Ethnologie und Anthropologie gewannen dabei eine fundamentale Bedeutung. So kommentiert P.H. Gebhard, Nachfolger Kinseys am Institut für Sexualforschung von Indiana, die empirischen Ergebnisse über außerehelichen Geschlechtsverkehr: »Außereheliche Beziehungen von Männern sind in der ganzen Welt verbreitet, selbst in Gesellschaften, die außereheliche Beziehungen ablehnen und mißbilligen. Außereheliche Kontakte von Frauen sind im allgemeinen nicht ganz so häufig, doch wünscht sich die Mehrheit der Frauen zumindest gelegentlich außereheliche Beziehungen. Der Mensch hat unserer Meinung nach keine angeborene oder biologisch fundierte Tendenz zur Monogamie, und so gibt es ... auf der ganzen Welt keinen Stamm oder keine Gesellschaft, in der die formelle Ehe allein als sexuell voll befriedigend gilt. So können denn auch außereheliche Beziehungen vorkommen, ohne daß die Familie zerstört wird; dies ist vor allem in Kulturen der Fall, die die Möglichkeit nebenehelicher sexueller Beziehungen vorsehen und akzeptieren.«[14] Die Ergebnisse von Kinsey und seinen Mitarbeitern haben eine Vielzahl von psychologischen Untersuchungen angestoßen. So nennen B.L. Greene, R.R. Lee und N. Lustig nach Auswertung von 750 Fallgeschichten als häufigste Beweggründe für eheliche Untreue »sexuelle Frustration, Neugier, Rache, Langeweile und das Bedürfnis nach Akzeptanz und Anerkennung«[15]. A. Thompson hat in einem Literaturbericht über empirische Erhebungen festgestellt, »daß das Zustandekommen einer außerehelichen Affäre um so wahrscheinlicher ist, je niedriger die Ehe bewertet wird und je geringer die Häufigkeit und Qualität des ehelichen Geschlechtsverkehrs ist«[16]. Vor allem aber wurde die Einsicht schnell popularisiert, daß der Ehebruch eine Ehekrise ausdrückt, aber nicht auslöst:»Die Affäre ist ein Symptom, das Symptom einer umfassenden ehelichen Störung; sie ist nicht die eigentliche Störung.«[17] Ja, die dritte Person kann in vielen Fällen zum Mittel werden, um die Zweierbeziehung zu retten; die externe Leibesgemeinschaft dient dann, bewußt, meistens unbewußt, zur Erhaltung der internen Lebensgemeinschaft[18].

Was als Interpretation von Verhalten gemeint ist, kann als Legitimation von Verhalten gelesen werden. In immer neuen Varianten wird seitdem Männern und Frauen versichert, daß sexuelle Treue zwischen zwei Menschen faktisch nicht möglich ist. Die Macht libidinöser Triebhaftigkeit sei so groß, daß der Wunsch nach neuen Sexualobjekten sie mindestens in ihren Tag- und Nachtträumen heimsucht. Die Verbreitung außerehelicher Kontakte in fremden Kulturen wie in der modernen Gesellschaft zeigten an, daß das Modell einer exklusiven Zweierbeziehung eine Zwangs-

131

idee auf der Basis von patriarchalem Besitzstreben darstellt. Emanzipation, die individueller Lebenslust dienen will, schließe deshalb auch die Befreiung von überholten Moraltraditionen ein, um endlich auch an diesem Punkt die Diskrepanz zwischen sexuellem Verhalten und sittlichem Bewußtsein zu beseitigen.

Ist in einer solchen Situation das Plädoyer für sexuelle Treue nicht von vornherein aussichtslos?

V.

Das Ideal sexueller Treue in den Beziehungen zwischen Mann und Frau ist nicht nur im christlichen Raum entstanden. M. Foucault hat in subtilen Untersuchungen gezeigt, daß seit dem zweiten vorchristlichen Jahrhundert in der Antike ein neues Eheverständnis erwächst, das die persönliche Bindung der beiden Gatten in den Vordergrund rückt. Dabei wird »die Kunst, sich in der Ehe zu verhalten, weniger durch eine Regierungstechnik bestimmt als vielmehr durch eine Stilistik der individuellen Bindung. Neu dürfte zweitens sein, daß sich bei einem verheirateten Mann das Prinzip eines gemäßigten Verhaltens eher mit den Pflichten der Gegenseitigkeit als mit der Herrschaft über andere verbindet ...; die Intensivierung der Sorge um sich geht einher mit der Aufwertung des anderen.«[19]

Wenn der freie Mann sein Verhältnis zu seiner Frau nicht mehr am Modell von Herrschaft, sondern von Partnerschaft interpretiert[20], dann hat das für die antiken Philosophen zur Folge, daß auch das Menschsein nicht mehr vom Individuum her, sondern in personaler Dualität verstanden wird. Das aber löst unvermeidlich auch ein neues Verständnis von Selbstverwirklichung aus. »Wenn das Verhältnis zu einer Frau, die ›die Frau‹, ›die Gattin‹ ist, wesentlich ist für die Existenz, wenn das Menschenwesen ein paariges Individuum ist, dessen Natur sich in der Praxis des geteilten Lebens erfüllt, dann dürfte es keine grundlegende Unverträglichkeit geben zwischen dem Verhältnis, das man zu sich, und der Beziehung, die man zum anderen herstellt. Die Kunst der Eheverbindung ist integraler Bestandteil der Kultur seiner selber.«[21]

Warnungen vor einem Übermaß außerehelicher Aktivitäten, die die Selbstzucht des Mannes gefährden, hat es schon vorher gegeben. Jetzt taucht in unterschiedlicher Eindringlichkeit die Forderung auf, die sexuelle Praxis ausschließlich an die Ehe zu binden, um, wie Foucault formuliert, »eine Anzahl von Beziehungen zur Deckung zu bringen: die Verbindung zweier Sexualpartner, das duale Band der Gatten, die gesellschaftliche Rolle der Familie – und das in möglichst vollkommener Abstimmung mit der Beziehung zu sich«[22].

Am strengsten hat der Stoiker Musonius das Prinzip ehelicher Treue vertreten, nicht aus Verachtung oder gar Verteufelung der Geschlechtslust, sondern weil »es für das vernünftige und gesellige Menschenwesen schlechthin zur Natur des Geschlechtsakts gehört, sich in die Ehebeziehung einzubetten und darin für legitimen Nachwuchs zu sorgen. Geschlechtsakt, Eheband, Nachwuchs, Familie, Stadt und darüber hinaus gar menschliche Gemeinschaft – das ergibt eine Reihe, deren Glieder verbunden sind und in der die Menschenexistenz ihre rationale Form findet. Die Lüste daraus abzuziehen, um sie aus dem Gattenbund zu lösen und ihnen andere Ziele anzuweisen, heißt allerdings einen Anschlag auf die Essenz des Menschseins führen.«[23]

Die Begründung der Treue beruht hier auf personaler Dualität und anthropologischem Dualismus. Die Gatten schulden einander sexuelle Ausschließlichkeit, weil sie erst als dieser Mann und diese Frau eine Einheit bilden. Treue gegenüber dem anderen und Treue gegenüber sich selbst können sich also nicht widersprechen, weil ich ohne den anderen/die andere noch gar nicht ich selber bin. Diese interpersonale Dualität wird begleitet und abgestützt durch einen innerpersonalen Dualismus, nach dem vernünftige Einsicht körperliche Begierde in jeder Hinsicht zu regulieren hat. So wird es verständlich, »daß das alte Prinzip der ehelichen

Sittsamkeit um so mehr Geltung erlangt, als die Ehe zum einzigen zulässigen Ort für die Freuden des Geschlechts wird. In der Ehe sollen Aphrodite und Eros gegenwärtig sein und nirgends sonst; doch soll sich das eheliche Verhältnis auch von dem der Liebhaber unterscheiden. Dieses Prinzip trifft man in mehrfacher Gestalt. Etwa in Form einer wohl ganz traditionellen Mahnung: wer seine Frau zu intensive Lüste kosten läßt, lehrt sie Dinge, aus denen sie leicht falschen Nutzen ziehen wird, und man bereut, sie ihr beigebracht zu haben. Oder etwa in Form von Ratschlägen an die beiden Gatten: daß sie einen Mittelweg zwischen übermäßiger Zucht und einem zu losen Lebenswandel finden sollen und daß der Mann immer daran denken soll, daß man ›mit derselben Frau nicht gleichzeitig als Gattin und als Geliebter verkehren‹ kann« (Plutarch)[24].

Eheliche Treue, wie sie in der Stoa proklamiert wird, schließt also eine doppelte Begrenzung des sexuellen Erlebens ein. Neben externen Lustverzicht tritt die interne Lustdosierung. Selbstverwirklichung wird hier nicht in der Selbstentfaltung, sondern durch die Selbstbeherrschung gesucht. Der mündige, beziehungsfähige Mensch zeigt sich in der Zügelung seiner Leidenschaften.

VI.

Du kannst nicht treu sein! Die kirchliche Dogmatik behauptet, daß auch ein solches Ideal des reifen, sich selbst beherrschenden, dem anderen zugewandten Menschen immer nur begrenzt gelebt werden kann. Sie hat den antiken Dualismus zwischen Leib und Seele rezipiert und verschärft. Sie hat immer damit gerechnet, daß alle Menschen unter der Macht der Sünde leben und daß Sexualität ein bevorzugtes Wirkungsfeld dieser Macht darstellt. Eheliche Treue wurde deshalb gleichzeitig verabsolutiert und relativiert. Nur im Schutzraum der Ehe durften Christ/innen ihre Geschlechtlichkeit leben; nur hier war sexuelle Praxis sozial sanktioniert.

Aber auch in der Ehe konnte die Macht der Konkupiszenz die Menschen ergreifen, durch unkeusche Phantasien, durch verbotene Praktiken, durch immer drohende Ausbruchsversuche. Alles, was die Gegenwart über die Unmöglichkeit sexueller Treue proklamiert, klingt wie ein verspäteter Kommentar zum nüchternen Menschenbild der Theologie. Du kannst nicht treu sein! Die kirchliche Dogmatik hat das immer gewußt. Und dennoch hat die christliche Ethik, anders als viele Theoretiker in der Moderne, genau dies immer von den Menschen gefordert. Wie war und wie ist das möglich?

Ein Treueversprechen zwischen zwei Partnern ist im Kern ein hybrider Akt. Sie treffen damit eine Entscheidung, die ihre Kompetenz übersteigt. Sie wollen über etwas verfügen, was sie gar nicht besitzen, nämlich über die Zeit, über ihre Gefühle, über sich selbst. Indem zwei Menschen sich für alle weitere gemeinsame Zukunft aneinander binden, unterstellen sie die Möglichkeit einer Kontinuität, die weder dem Wandel der Verhältnisse noch der Veränderlichkeit der Emotionen noch der Labilität der eigenen Person gerecht wird[25]. Was in den privaten und öffentlichen Sprechakten des Treuegelöbnisses geschieht, ist eine waghalsige Disposition über Unwägbarkeiten der Zukunft.

Rationale Begründungen für einen solchen Sprechakt kann es sehr viele geben. Früher verlangten ökonomische Interessen, daß durch die häusliche Einbettung der Frau die Legitimität der Erbfolge gesichert wurde. In vielen Beziehungen erwächst das Versprechen als Produkt einer wechselseitigen Abhängigkeit, weil beide Partner meinen, ohne den/die andere(n) nicht leben zu können. Treue kann heute aus Ansteckungsangst praktiziert werden. Schließlich ist auch die Einsicht ganz realistisch, daß man im Verhältnis zum anderen Geschlecht sehr schnell den Kopf verlieren und daß ein Seitensprung Turbulenzen auslösen kann, die nicht mehr unter Kontrolle zu bringen sind. Aber mit welchem Recht und im Vertrauen auf welche Fähigkeit verfügen Menschen, indem sie einander die Treue versprechen, über die zukünftige Zeit, über ihre wechselhaften Gefühle, über die Begierden der eigenen Person?

Das Treueversprechen schafft Vertrauen, aber setzt auch ein ungeheueres Maß an Vertrauen voraus. Wer kann die lebenspraktische Realisierung von Verläßlichkeit garantieren? Für die biblische Tradition ist die Bundestreue Gottes gegenüber seinem Volk zum Urbild für alle Konstanz und Verläßlichkeit in der zwischenmenschlichen Beziehung geworden. Ja, das Treueverhalten hat hier insofern eine neue Dimension gewonnen, als Gottes Zuwendung gegenüber dem Menschen trotz dessen Abgötterei und trotz der darauf reagierenden Eifersucht Gottes bestehen bleibt. »So sollst du nun wissen, daß der Herr, dein Gott, allein Gott ist, der treue Gott, der den Bund und die Barmherzigkeit bis ins tausendste Glied hält denen, die ihn lieben und seine Gebote halten, und vergilt ins Angesicht denen, die ihn hassen, und bringt sie um« (5. Mose 7,9ff.) lautet ein Versprechen, das vor dem Ausbruch aus der Gottesgemeinschaft warnt. Dem korrespondiert im Neuen Testament die Gewißheit: »Sind wir untreu, so bleibt er doch treu; denn er kann sich selbst nicht verleugnen« (2. Timotheus 2,13). Dieser Gott verliert durch sein Treueverhalten also nicht seine Freiheit, sondern verwirklicht in der unbedingten Treue gegenüber den Menschen sich selbst. Und alle Treue, die Menschen einander geloben, bezieht ihre Vitalität und ihre Stabilität aus der Treue, die die Beziehung des Schöpfers zu seiner Schöpfung charakterisiert.

Wie alle Lebenslust in der Gottesliebe ihren Grund und ihr Ziel hat, so ist auch alle menschliche Treue in der Treue Gottes fundiert[26]. *Du* kannst nicht treu sein! Aber um Gottes willen kann dir Treue gelingen! Die Botschaft von der Treue Gottes ist angesichts der Brüchigkeit menschlicher Beziehungen ein zentraler Aspekt des Evangeliums. O. Weber hat recht: »Vom Menschen selber her ist seine eigene Selbst-Kontinuität in der Zeit nicht begründbar, und zwar darum nicht, weil das Menschsein des Menschen selbst nicht im Menschen seinen Grund hat. Daß der Mensch in einer Kontinuität steht, das gründet in der Treue Gottes und hat seinen

Bestand in ihr. Weil Gott unwandelbar des Menschen Gott sein will, darum kann von einer Kontinuität der menschlichen Existenz die Rede sein. Dies ist ersichtlich eine ›rein theologische‹ These, eine solche also, die abgesehen von der ... Tat der Selbstschließung Gottes in der Person Jesu Christi nicht einsehbar ist, also nie zum Bestandteil einer Weltanschauung werden kann. Daß uns in der Treue Gottes unsere eigene Zeitlichkeit zur gewährten und auf eine Erfüllung bezogenen wird, das ist nichts anderes als ein Aspekt des Evangeliums von Jesus Christus.«[27]

VII.

Das zentrale Lebensproblem der Liebe ist die Zeit, und Treue soll Liebe für zwei Menschen durch die Zeiten hindurch bewahren. In den Momenten gemeinsam erlebter Lust sind die beiden sich einig, zu diesem Augenblick möchten sie sagen: »Verweile doch, du bist so schön.« Im Versprechen sexueller Treue legen sie sich dergestalt fest, daß sie die Erfahrung der Entgrenzung künftig nur in der Begrenzung auf den jeweils anderen erleben wollen. Eben dadurch aber, daß das Lusterleben der Liebe exklusiv an den anderen gebunden wird, erhält auch der Alltag der Liebe eine neue Dimension. Das Treueversprechen kanalisiert die Intensität der sexuellen Ekstase in die Normalität gemeinsamer Alltagspraxis und stellt insofern ein Mittel dar, um den Verfall von Liebe im Lauf der Zeit zu stoppen. Treue ist Ausdruck und Bewahrungsversuch von Liebe zugleich. Sie will die Gefühle der Liebe über das gemeinsame Lusterleben hinaus auf Dauer stellen. Das ist angesichts der Intensität von Triebhaftigkeit und der Pluralität von sozialen Gelegenheiten ein risikoreicher Versuch. Inwiefern und wodurch hilft die Treue Gottes Menschen bei der Realisierung ihres Treueversprechens?[28]

»Du sollst nicht ehebrechen!« Die Religion operiert auch in diesem Lebensbereich zunächst mit einem Verbot. Die Brüchigkeit eines Versprechens soll durch die Härte eines Befehls stabilisiert, die Zweideutigkeit einer Beziehung durch die Eindeutigkeit eines Wortes strukturiert werden. Mit dem Wandel der sozialen Verhältnisse hat sich zweifellos auch der Sinn des Verbotes geändert. In der patriarchalen Lebenswelt des Alten Testaments konnte der Mann nur die fremde Ehe, die Frau nur die eigene brechen. F. Crüsemann hat aber darüber hinaus gezeigt, daß es bei diesem Satz um mehr ging als um ein sexuelles Verhalten, nämlich »um Lebenssicherung des Nächsten und seiner Familie«[29]. »Leben war damals, jedenfalls außerhalb der wenigen großen Städte, ausschließlich innerhalb einer Familie möglich. In ihrer Hand lag die Produktion alles zum Leben Notwendigen, vor allem der täglichen Nahrungsmittel. Einen Markt gab es daneben bestenfalls in Ansätzen. Die Großfamilie war ökonomisch weitgehend autonom und ihre Größe wie Struktur war auf diese Aufgabe hin angelegt – nicht nur in Israel, sondern tendenziell in allen vergleichbaren Gegenden und Völkern. Nur eine solche Familie konnte – und sie mußte! – generationenübergreifend die Lebensgrundlage für alle Mitglieder bereitstellen. ... Und bei Ehebruch stand natürlich all das auf dem Spiel, mindestens potentiell. Die Legitimität der Nachkommen, die Erhaltung der Familie und ihres Grundbesitzes – um all das ging es dabei auch.«[30]

Du sollst nicht ehebrechen! Kann dieses Verbot auch in der Gegenwart hilfreich sein? Die Statistiken zeigen, daß es in der konkreten Lebensführung der Zeitgenossen kaum noch relevant ist. Und in der Lebensbegleitung, wie sie in Seelsorge und Beratung abläuft, dürfte dieser harte Satz ebenfalls kaum eine wichtige Rolle spielen.

Das Verbot gilt hier wie in anderen Lebensbereichen als überholt, weil es scheinbar oder anscheinend einer autoritären Kommunikationsstruktur entstammt. Eltern verbieten, mit oder ohne Grund, ihren Kindern etwas. Und die Kinder träumen davon, als Erwachsene Verbote weder hören noch erteilen zu müssen. Unter aufgeklärten Menschen gilt dieser Sprechakt deshalb als ein infantiles Relikt. Zwischen Erwachsenen kann und darf man Verbote deshalb nicht mehr formulieren. Aber, man muß es deutlich sagen: Das Verbot des Verbotes ist selbst eine infantile Aktion. Das Verbot verlangt ja nicht einfach Gehorsam und Unterwerfung, wie man in diesem Zusammenhang sehr leicht unterstellt. Das Verbot stellt in eine Entscheidung. In einer höchst brisanten Situation formuliert es einen schrillen Appell mit abschreckender Tendenz. Indem es vor einem bestimmten Verhalten eindeutig warnt, macht es den, der sich mit dieser Warnung auseinanderzusetzen hat, zu einem erwachsenen Menschen.

In verdeckter Gestalt wird die Notwendigkeit des Verbots auch heute noch indirekt andauernd bestätigt. Was in der öffentlichen Diskussion über Treue schon gar nicht mehr erwähnt wird, spielt bei der öffentlichen Information über einen anderen sexualethischen Konflikt immer noch eine entscheidende Rolle. Alles, was zum Thema Inzest enthüllt und angeklagt und erörtert wird, enthält den mehr oder weniger ausgesprochenen Vorwurf der Verletzung eines elementaren Tabus. Auch für die aufgeklärte Gegenwart gilt offenkundig jenes Gesetz, daß Sexualität wie Aggressivität aus dem Kernbereich einer Lebensgemeinschaft ausgelagert werden müssen. »Es gibt nur ein Problem: die Gewalt, und es gibt nur eine Art, es zu lösen: die Verlagerung nach außen. Der Gewalt wie auch dem sexuellen Begehren muß untersagt werden, dort Fuß zu fassen, wo diese doppelte und dennoch *eine* Kraft mit dem Zusammenleben absolut unvereinbar ist.«[31]

Richtig ist: Das Verbot kann die Probleme nicht lösen. Es schafft keine Liebe, wenn das Begehren gewechselt hat oder wenn der Haß wütet. Das Verbot kann bestenfalls verhindern, daß eine problematische Situation eskaliert. Es definiert eine äußere Grenze für den Fall, daß es im Inneren des Individuums ganz anders aussieht. Es markiert jenen Punkt moralischer Differenz, an dem das Subjekt zwar alles tun möchte und oft auch alles tun könnte, aber nicht alles tun darf und irgendwann vielleicht auch nicht alles tun will. Das Verbot rechnet mit der Schwäche menschlicher Autonomie.

Es hat schon immer begriffen, daß sich für jedes vitale Interesse einleuchtende Erkenntnisse anführen lassen. Und es setzt schon immer voraus, daß in den Augenblicken libidinöser oder aggressiver Erregung nur ein letzter Warnruf das Geschehen aufhalten kann. Du sollst nicht! Zur Treue Gottes gehört, daß der Schöpfer die Menschen nicht einfach den riskanten Antrieben ihrer Sexualität und Aggressivität überläßt, sondern mit der Macht seines Wortes eindeutige Grenzen bezeichnet.

VIII.

In den neuesten Erhebungen zeichnet sich in der gesellschaftlichen Öffentlichkeit ein Trend zur Treue ab. So hat die Auswertung einer Umfrage durch eine Frauenzeitschrift ergeben:»Absolute Treue – das fordert heute fast jede zweite Frau von ihrem Partner. Und auch von sich selbst: ein überwältigendes Ja zur festen Zweierbeziehung, die sich konsequent gegen Dritte abschottet. 42 Prozent der Leserinnen standen zu der Aussage, daß in einer Beziehung Seitensprünge nicht erlaubt seien. Beide Partner sollten einander absolut treu sein. 18 Prozent gehen sogar noch weiter: Sie würden auch beim kleinsten Seitensprung auf der Stelle Schluß machen. Fremdgehen? Nein, danke.«[32] Freilich ist auch diese Tendenz durchaus gebrochen:»30 Prozent der Frauen würden selbst eine Affäre wagen, wenn sie sicher sein könnten, daß der Partner es nie erfährt.« Aber die Grundrichtung scheint eindeutig:»Die Zeiten der heißen Flirts und schnellen Affären sind vorbei. One-night-stands sind für jede zweite Frau heute tabu. 22 Prozent behaupten, daß sie weder früher noch künftig flüchtige Affären hatten und haben möchten.«

Die Frage ist: Wie kann man den Wunsch nach Verläßlichkeit realisieren? Gelebte Treue verlangt, die Kunst der Liebe in einer Kultur der Wiederholung zu pflegen. Das ist schwer, denn die Wonnen des Vertrautseins wirken nicht elektrisierend, und das

Begehren des Bekannten setzt immer voraus, was es fördern soll, das Bleiben der Liebe zwischen zwei Menschen. Die Entdeckungsreisen, die die Partner mit Hilfe ihrer Leiber vollziehen, verlieren im Lauf der Zeit ihren Reiz. Die Macht der Gewohnheit kann auch das Spiel der Liebe zum Ritual der Gewöhnlichkeit deformieren. Das Experiment der Treue basiert auf der Hoffnung, daß die Lust nicht erlahmt, weil die Liebe nicht kalt wird.

Die Therapeutin M. Gambaroff berichtet aus dem Gepräch mit einer dreißigjährigen Frau: »Warum erlebe ich nicht wenigstens mit den Männern, zu denen ich eine sehr enge und lebendige Beziehung habe, eine ähnliche, wie soll ich sagen, Ergriffenheit wie bei meinem Mann? Mit ihm komme ich in der Sexualität in Gefühlsräume, die ich bei anderen nicht kenne. Daß das bei unverbindlichen Affären nicht sein kann, ist mir klar, aber warum stellt sich diese Intensität des Erlebens nicht wenigstens bei denjenigen ein, bei denen ich das Gefühl habe, sie zu lieben? ... Denn so eine letzte Offenheit und, ich habe das schon versucht auszudrücken mit dem Wort Ergriffenheit, so ein Gefühl von Unverstelltheit und Direktheit in der Lust, das fehlt einfach bei den anderen. Das erlebe ich nur bei ihm.«[33] Daß nicht jede sexuelle Begegnung in die Erfüllung führt, hängt für M. Gambaroff damit zusammen, daß sich das Tor zur Heimat, die Menschen auch in der Sexualität suchen, nur unter bestimmten Voraussetzungen für die Beteiligten auftut. Die Lust der Geilheit ist nicht die Lust der Ergriffenheit. Die Sensationen des Neuen sind häufig angstbesetzt und führen schon deshalb weniger weit als der Verkehr mit Vertrautem. »Um im Bild zu bleiben: Das Tor öffnet sich nur, wenn sich beide Partner zu erkennen geben, um dadurch einer im anderen aufgehoben zu sein. Ich verstehe dies im dialektischen Sinne des Wortes. Damit dieses Aufgehobensein möglich wird, muß ich mich preisgeben in all meinen libidinösen und aggressiven Impulsen und Strebungen. Das umfaßt eine passagere Auflösung aller Abwehr, eine größtmögliche Durchlässigkeit und damit eine Regression auf eine ichlose Ebene. Ich bin meine Liebe und mein Haß, meine Schönheit und meine

Häßlichkeit, mein Triumph und meine Schande. Ich werde am meisten ich selbst im Augenblick der Entindividualisierung und der Verschmelzung mit dem anderen. Die hohe Intensität dieses Vorganges erschließt verschüttete und neue Erlebnisräume. Wem macht das nicht auch angst? Es versteht sich von selbst, daß sich ein solches Erlebnis nicht regelmäßig einstellt.«[34]

Auch Partnerwechsel kann das Problem der Wiederholung nicht lösen. Es stellt sich dann nur jeweils in einem anderen Bereich. In der Treue können zwei Menschen durch Wiederholung im Stumpfsinn ihrer Liebesbeziehung versinken. In der Treulosigkeit wiederholt sich immer nur der elektrisierende Reiz der Neuartigkeit. Wirkliche Alternative zur Wiederholung wäre deshalb nicht die Abwechslung, sondern die Vertiefung. Lebendig sein, das bedeutet im Glauben wie in der Liebe: tiefer eindringen in das Geheimnis des anderen, tiefer die eigenen Wünsche und Ängste entdecken, tiefer erfaßt werden von der Macht des Unheimlichen, das mir im anderen und durch den anderen begegnet.

In der Sprache des Glaubens heißt der Prozeß der Vertiefung die Heiligung. Das für den Lebensvollzug empfangene Heil will im Lebensvollzug durch die Heiligung Gestalt gewinnen. Die Treue Gottes, die die Beziehung des Schöpfers zu seiner gesamten Schöpfung charakterisiert, will in der Treue, die zwei Geschöpfe einander versprechen, dargestellt werden. Ziel ist dabei nicht einfach die optimale Anpassung an die gesellschaftliche Institution der gegenwärtigen Ehe. Und Ziel kann auch nicht sein eine besonders intensive Klärung der psychischen Konflikte, die der Realisierung von Treue entgegenstehen. Vielmehr will Seelsorge, die sich religiös definiert, die Kraft der Gottesliebe für die Gestaltung von Lebenslust fruchtbar machen. Sie will zwei Menschen in ihrer Partnerschaft dabei unterstützen, den Lebensraum, den das Verbot der Untreue heilsam begrenzt, mit wachsender Liebeskraft zu erfüllen.

»Beim nächsten Mann wird alles anders« (E. Heller). Wenn der sehnsuchtsvolle und skeptische Stoßseufzer, den dieser Bestseller-Titel enthält, Wirklichkeit werden soll, dann schließt das in vielen Fällen schon eine bestimmte Wahrnehmung der Partnerwahl ein. Was führt zwei Menschen zusammen? Was bindet sie aneinander? Das Schicksal? Der Zufall? Die gemeinsam genossene Lust? Das von den Eltern geprägte Idealbild, das man im anderen zu finden wähnt? Das alles sind Motivationsaspekte, die mehr oder weniger realitätsgerecht sind, die auch tragfähig wirken für die aktuelle Beziehung und die durchaus auch den Sinnhorizont für eine andauernde Lebensgemeinschaft abgeben können. Bei einer religiösen Interpretation der eigenen wie der gemeinsamen Biographie tritt aber unvermeidlich ein weiterer Gesichtspunkt hinzu.

Für den »Aufbau kleiner Lebenswelten«, wie er im Gefolge der Wissenssoziologie die Gestaltung einer Beziehungskonstellation beschreibt, ist in religiöser Hinsicht nach P.M. Zulehner die mystagogische Begleitung konstitutiv. Mit diesem Stichwort, das von K. Rahner stammt[35], ist die zentrale Dimension kirchlicher Lebensbegleitung gemeint. Sie erhellt »nicht so sehr das Mysterium Gottes in sich, sondern das Leben des Menschen, das am Geheimnis Gottes insofern teilhat, als jede Lebensgeschichte stets Gottes reuelose Liebesgeschichte mit diesem Menschen ist. Jede menschliche Geschichte, wie sie konkret stattfindet, ist immer schon von Gottes unwiderruflichem Heil umfangen und damit Heilsgeschichte, freilich gebrochen durch Momente unheilvoller Verschließung der Menschheit und einzelner Menschen gegenüber dem mit seiner Gnade uns zuvorkommenden Gott.«[36] In der Partnerberatung umfaßt die mystagogische Kompetenz drei Aufgaben. Es geht 1. darum, im Findungsprozeß eines Paares die Spuren göttlicher Fügungen wahrzunehmen: »Die Lebensgeschichte eines jeden Menschen ist identisch mit der Liebesgeschichte Gottes mit ihm. ... Die Liebesgeschichte zweier Menschen ist dann ein konkretes Moment an der großen Liebesgeschichte. Das bedeutet auch, daß ich in den Erfahrungen der Liebe eine Ahnung erhalte von Gottes Liebe zu mir.«[37] Es geht 2.

darum, in der Annäherung eines Paares Angst abzubauen und Vertrauen zu fördern, denn nur im Wirkungsbereich von Vertrauen kann Liebe gelingen. »Vertrauen wiederum kommt auf, wenn die Angst gezähmt wird. Vertrauen endlich hat, so die biblische Tradition, eine Chance im Umkreis Gottes, oder, wie Jesus sagt, im ›Reich Gottes‹, in dessen Herrschaftsbereich, in jenem bergenden und schützenden Lebensraum, der sich unter den Augen Gottes auftut.«[38] Und es geht 3. darum, die Partner gemeinsam zu einem Wachstum in der Liebe durch das Wachsen ihres Glaubens zu führen. »Der entscheidende Beitrag der Kirche zum Gelingen der Liebe, der Ehe, besteht somit darin, Menschen zu unterstützen, damit sie zu einem festen Glauben kommen.«[39] Wer in seiner Lebensgeschichte erfährt, daß »Gott als der Menschheit ältester Brautführer«[40] auch bei ihm tätig geworden ist, der wird die Liebe Gottes auch in der Gestalt von Treue erleben wollen.

Das setzt voraus, daß Heiligung nicht nur eine spezifische Wahrnehmungskunst im Sinne der Interpretation der eigenen Biographie umfaßt, sondern daß dabei auch neue Kraftströme zugänglich werden, die das gemeinsame Leben aus der Beziehung zur Treue Gottes zu formen vermögen. Paulus hat den Zusammenhang, der hier zu berücksichtigen ist, für den Kontakt mit nichtchristlichen Partnern so formuliert: »der ungläubige Mann ist durch seine Frau mitgeheiligt; und die ungläubige Frau ist durch ihren Mann mitgeheiligt. Sonst müßten ja eure Kinder unrein sein – sie sind aber doch heilig!« (1. Korinther 7,14; Übersetzung U. Wilckens). Was der Apostel mit dieser Aussage meint, ist von anstößiger Eindeutigkeit: Heiligkeit wird durch Geschlechtsverkehr übertragen. Die religionsgeschichtlichen Vorstellungen, die sich in einer solchen Aussage zu Wort melden, kann man mit den Worten H. Conzelmanns so kommentieren: »Es scheint eine kraßdingliche Auffassung von Heiligkeit zu herrschen: diese ist übertragbar, ohne daß der Glaube (und die Taufe!) erforderlich ist. Der massiv dingliche Charakter der Vorstellung ist in der Tat nicht zu bestreiten.«[41]

Aber was sagt Paulus im Rahmen dieser Vorstellung, die für die meisten von uns rational überholt sein mag? Vorausgesetzt ist, daß die Kommunikation mit der Macht Gottes nicht nur in verbalen Kanälen erfolgt, sondern die gesamte Leiblichkeit des Menschen umfängt. Die Heiligkeit Gottes greift dergestalt nach dem Leben der Menschen, daß sie die Heiligung aller Lebensbereiche bewirkt. Und zwar nicht nur durch Verbot und Appell. Und auch nicht nur durch Wahrnehmung und Interpretation. Sondern, wie man es in zeitgenössischen Kategorien ausdrücken müßte, wahrscheinlich auch durch energetische Transformationen. Die Kirchen haben sich in der Neuzeit mit soziologischen und psychologischen Modellen zufriedengegeben, um die Bedeutung von Religion für das menschliche Leben bestimmen zu können. Vorstellungen, die diesen Wahrnehmungshorizont transzendieren, sind den meisten deshalb kaum mehr zugänglich, manchmal schon gar nicht erträglich. Dennoch muß man, wenn man den Aussagen der biblischen und der kirchlichen Tradition phänomenologisch gerecht werden will, mit einer solchen Möglichkeit zu rechnen beginnen. Die Gottesliebe wirkt auf die Lebenslust ein, und zwar nicht nur lähmend und mahnend, sondern auch fördernd und prägend.

In negativer Hinsicht ist dieser Zusammenhang vom kirchlichen Denken auch immer akzeptiert worden. »Euer Leib ist ein Tempel des Heiligen Geistes, der in euch wohnt; Gott hat ihn euch gegeben. Ihr gehört nicht euch selbst!« (1. Korinther 6,19; Übersetzung U. Wilckens). Aus der Einwohnung Gottes folgt bei Paulus die Kontaktsperre für den Verkehr mit der Prostituierten – das hat die kirchliche Ethik ohne Vorstellungsschwierigkeiten zu rezipieren vermocht, weil es sich als eine ethische Aussage interpretieren ließ. Und daß die Heilkraft des Glaubens für das Eheleben in der wechselseitigen Bereitschaft zur Vergebung praktiziert werden soll, hat immer zu den Grundüberzeugungen kirchlicher Eheanschauung gehört. Unzucht vermeiden, Schuld vergeben – die Heiligung durch den Heiligen Geist wurde durchweg auf solche Beziehungskonflikte bezogen. Aber gemeinsames Wachstum im Glauben und in der Liebe könnte ja auch bedeuten, daß nicht nur die Gesprächsfähigkeit über Gottesliebe und Lebenslust zunimmt. Wachstum ist immer ein körperbezogener Vorgang. Menschen bewegen sich aufeinander zu. Menschen vertiefen sich ineinander. Menschen erreichen gemeinsam Wonnen der Seligkeit. Manchmal dauert die Odyssee der Beziehungskisten sehr lange. Treu sein kann endlich der/die, der einen Partner/eine Partnerin für die gemeinsame Reise in die Heimat des Reiches Gottes gefunden hat.

»Dies Geheimnis ist groß«

Epheser 5,32

Anmerkungen

Religion und Sexualität

1. W. Schubart, Religion und Eros (1941), Neuausgabe München 1966, 7.
2. Vgl. T. Moser, Gottesvergiftung, Frankfurt 1970, 97f.: »Um mich zu trösten, hatte ich nicht viel mehr als Gebet und Onanie, und das Händefalten vor dem Bauch und die Einleitung des Selbsttrostes liegen nicht allzuweit auseinander. Ich will dir sogar verraten, daß beides etwas miteinander zu tun hat, will die Onanie ein Gebet an das eigene Selbst nennen, und das Beten zu dir eine Selbstbefriedigung auf einem riesigen Umweg.« Zum geschichtlichen Hintergrund vgl. G. Denzler, Die verbotene Lust. 2000 Jahre christliche Sexualmoral, München 1991.
3. Vgl. M. Josuttis, Zur Ehe-Politik in der EKD, EvTh 42, 1982, 271ff.
4. Unterschwellig wirkt noch immer jene Alternative, die A. Nygren, Eros und Agape. Gestaltwandlungen der christlichen Liebe, 2. Auflage, Gütersloh 1954, 142, so formuliert hat:

»Eros ist Begehren, Sehnsucht.	Agape ist Opfer.
Eros ist der Zug nach oben.	Agape steigt herab.
Eros ist der Weg des Menschen zu Gott.	Agape ist der Weg Gottes zum Menschen.
Eros ist Leistung, er baut auf menschliche Selbsterlösung.	Agape ist Gnade, die Erlösung ist eine Tat der göttlichen Liebe.
Eros ist egozentrische Liebe, eine Art Selbstbehauptung, die höchste, edelste, sublimierte.	Agape ist selbstlose Liebe, ›sie sucht nicht das Ihre‹, sie ist Selbsthingabe.
Eros will sein Leben gewinnen, göttlich, unsterblich werden.	Agape lebt Gottes Leben, wagt darum, ›ihr Leben zu verlieren‹.
Eros ist in erster Linie die Liebe *des Menschen*: Gott ist *Gegenstand* des Eros. Auch wenn Eros auf Gott bezogen wird, ist er nach dem Ebenbild der menschlichen Liebe geschaffen.	Agape ist in erster Linie die Liebe *Gottes*: ›Gott *ist* Agape‹. Auch wenn Agape auf den Menschen bezogen wird, ist sie nach dem Ebenbild der göttlichen Liebe geschaffen.
Eros wird von der Qualität, der Schönheit und dem Wert seines Gegenstandes bestimmt; er ist nicht spontan, sondern ›abgewonnen‹, ›motiviert‹.	Agape ist souverän ihrem Gegenstand gegenüber, gilt sowohl ›Bösen wie Guten‹, sie ist spontane, ›quellende‹, unmotivierte Liebe.
Eros *konstatiert Wert* bei seinem Gegenstand – und liebt ihn.	Agape *liebt* – und *schafft Wert* bei ihrem Gegenstand.«

Eine ähnliche Tendenz zur Degradierung von Sexualität auch bei R. Otto, Das Heilige. Über das Irrationale in der Idee des Göttlichen und sein Verhältnis zum Rationalen (1917), Neudruck München 1963, 62:»die geschlechtliche Reizbarkeit liegt auf der gerade entgegengesetzten Seite der ratio als das Numinose: während das Numinose ›über aller Vernunft‹ ist ist das andere ein Moment unterhalb der Vernunft nämlich ein Moment des Trieb- und Instinktlebens« (Zeichensetzung sic!, M.J.).

5. K.E. Müller, Die bessere und die schlechtere Hälfte. Ethnologie des Geschlechterkonflikts, Frankfurt 1984, 239f.

6. W. Reich, Der Einbruch der sexuellen Zwangsmoral, Frankfurt 1975, 21. Zur Ehe-Kritik in der Studentenbewegung vgl. F. Scholz, Ehe-Kritik und ihre Entwicklung aus der Sicht der 68er Generation, in: M. Josuttis/D. Stollberg (Hg.), Ehe-Bruch im Pfarrhaus. Zur Seelsorge in einer alltäglichen Lebenskrise, München 1990, 111ff.

7. W. Reich, Die sexuelle Revolution. Zur charakterlichen Selbststeuerung des Menschen, Frankfurt 1971, 95.

8. Vgl. G. Schmidtchen, Gottesdienst in einer rationalen Welt. Religionssoziologische Untersuchungen im Bereich der VELKD, Stuttgart 1973, 9ff.

9. Zitiert nach J. Highwater, Sexualität und Mythos, Olten 1992, 21f. In der abendländischen Moraltheologie war die Position *mulier super virum* als widernatürlich ausdrücklich untersagt; vgl. J.-L. Flandrin, Das Geschlechtsleben der Eheleute in der alten Gesellschaft, in: Ph. Ariès u.a. (Hg.), Die Masken des Begehrens und die Metamorphosen der Sinnlichkeit. Zur Geschichte der Sexualität im Abendland, Frankfurt 1990, 153f.

10. Zitiert nach G. Langer, Die Erotik der Kabbala, Düsseldorf 1989, 25.

11. R.D. Laing, Phänomenologie der Erfahrung, Frankfurt 1969, 131.

12. Vgl. N. Friday, Die sexuellen Phantasien der Frauen, Reinbek 1980, 144ff., dies., Die sexuellen Phantasien der Männer, Reinbek 1983, 98ff., und dies., Befreiung zur Lust. Frauen und ihre sexuellen Phantasien, München 1992.

13. Vgl. G. Wehr, Heilige Hochzeit. Symbol und Erfahrung menschlicher Reifung, München 1986. In der Gegenwartsliteratur tauchen religiöse Chiffren zur Beschreibung sexuellen Erlebens häufig auf bei H. Brodkey, Unschuld. Nahezu klassische Stories Band 1, Reinbek 1992.

14. Vgl. Th. Reik, Psychoanalytische Studien zur Bibelexegese I, Imago V, Leipzig 1919, 335ff.

15. J. Highwater, a.a.O. 139. Vgl. L. Steinberg, The Sexuality of Christ in Renaissance Art and in Modern Oblivion, New York 1983.

16. Vgl. das klassische Werk von E. Neumann, Die Große Mutter. Eine Phänomenologie der weiblichen Gestaltungen des Unbewußten, Olten 1974.

17. P. Brown, Die Keuschheit der Engel. Sexuelle Entsagung, Askese und Körperlichkeit am Anfang des Christentums, München 1991, 78f.

18. S. Freud, Drei Abhandlungen zur Sexualtheorie (1905), Gesammelte Werke V, 140.

19. J. Laplanche/J.-B. Pontalis, Das Vokabular der Psychoanalyse II, Frankfurt 1972, 478.

20. J. Baudrillard, Transparenz des Bösen. Ein Essay über extreme Phänomene, Berlin 1992, 61f.

21. A.a.O. 135.   22. A.a.O. 133.

23. Vgl. den Überblick bei G. Feuerstein, Gott und die Erotik. Spirituelle Dimensionen der Sexualität, München 1993.

24. M. Eliade, Yoga. Unsterblichkeit und Freiheit, Zürich 1960, 263.

25. A.a.O. 275.   26. A.a.O. 276.

27. In vieler Hinsicht aufschlußreich ist der Vergleich zwischen den physiologischen und hygienischen Informationen bei H. van de Velde, Die vollkommene Ehe, 71. Auflage (371. bis 390. Tausend!), Zürich o.J., und N. Douglas/P. Slinger, Das große Buch des Tantra. Sexual Secrets, 3. Auflage, Basel 1989, die Texte und Abbildungen über die Kombination von religiösen und sexuellen Techniken zusammengetragen haben.

28. H. Schmökel, Heilige Hochzeit und Hoheslied, Abhandlungen für die Kunde des Morgenlandes XXXII/1, Wiesbaden 1956, 42.

29. A.a.O. 119.

30. H. Schlier, Der Brief an die Epheser, Düsseldorf 1957, 275.

31. A.a.O. 268f.

32. M. Eliade, Kosmos und Geschichte. Der Mythos der ewigen Wiederkehr, Frankfurt 1986, 34.

33. G. Scholem, Die jüdische Mystik in ihren Hauptströmungen, Frankfurt 1967, 247: »Das Mysterium der Geschlechter ist für den Kabbalisten von wahrhaft schauerlicher Tiefe. Er sieht in seiner Erscheinung im Leben des Menschen nur ein Symbol für die Liebesbeziehung zwischen dem göttlichen ›Ich‹ und dem göttlichen ›Du‹, ›dem Heiligen, gelobt sei Er‹, zu seiner Schechina. Der hieros gamos, die ›heilige Verbindung‹ des Königs und der Königin, des himmlischen Bräutigams und der himmlischen Braut, oder wie die Symbole alle heißen mögen, ist von allen Vorgängen innerhalb der Welt der göttlichen Manifestationen die zentralste. In Gott selbst besteht eine Vereinigung der zeugenden und empfangenden, der aktiven und passiven Kräfte. Aus ihr erst stammt alle Seligkeit und alles Leben der unteren Welten.«

34. Zu den unterschiedlichen Konzeptionen im Verständnis der Sefiroth vgl. M. Idel, Kabbalah. New Perspectives, New Haven/London 1988, 136ff.

35. G. Scholem, Zur Kabbala und ihrer Symbolik, Frankfurt 1973, 184.

36. G. Scholem, Von der mystischen Gestalt der Gottheit. Studien zu Grundbegriffen der Kabbala, Frankfurt 1977, 179.

37. G. Scholem, Zur Kabbala und ihrer Symbolik, a.a.O. 184f.

38. A.a.O. 186f.

39. G. Scholem, Von der mystischen Gestalt der Gottheit, a.a.O. 178.

40. O. Pfister, Die Frömmigkeit des Grafen Ludwig von Zinzendorf. Eine psychoanalytische Studie, 2. Auflage, Leipzig 1925, VII.

41. A.a.O. 42.   42. A.a.O. 45.

43. A.a.O. 58.

44. Daß und wie in diesem Rahmen das Abendmahl als »Sacrament der somatischen Vereinigung« verstanden wird, zeigt M. Gerland, Wesentliche Vereinigung. Untersuchungen zum Abendmahls-Verständnis Zinzendorfs, Hildesheim 1992, 93ff.

45. O. Pfister, a.a.O. 55f.

46. A.a.O. 67.   47. A.a.O. 68.

48. A.a.O. 82.   49. A.a.O. 83.

50. K. Barth, Die Kirchliche Dogmatik III/1, Zollikon 1947, 258ff.

51. K. Barth, Die Kirchliche Dogmatik III/4, Zollikon 1951, 241.

52. K. Barth, KD III/1, 364.

53. K. Barth, KD III/1, 376.

54. K. Barth, KD III/4, 131.

55. A.a.O. 132.   56. Ebd.

57. A.a.O. 133.   58. A.a.O. 133f.

59. U. Beck/E. Beck-Gernsheim, Das ganz normale Chaos der Liebe, Frankfurt 1990, 231.

60. A.a.O. 233f.   61. A.a.O. 235.

62. A.a.O. 236.   63. A.a.O. 228.

64. A.a.O. 237f.

65. Die Deutsche Bischofskonferenz / Der Rat der Evangelischen Kirche in Deutschland, Ja zur Ehe, Oktober 1981, II/2.

66. Die evangelische Perspektive formuliert H. Gollwitzer, Das hohe Lied der Liebe, München 1978, 55: »Alle unsere Ordnungen und Vorschriften im Bereich des sexuellen Eros sollen Hilfestellungen sein, nicht aber Bedingungen. Legitim wird eine Liebe nicht erst dadurch, daß sie legal wird vermittels Standesamt und Traualtar. Aber ihre Legalisierung soll eine Hilfe sein für ihren eigenen Wunsch, nicht flüchtig zu sein, sondern dauerhaft, und nicht nur privat, sondern öffentlich und bedeutsam für die Gesellschaft, in der wir leben.« Positive Verbindungslinien zwischen Spiritualität und Vitalität zieht auch J. Moltmann, Der Geist des Lebens. Eine ganzheitliche Pneumatologie, München 1991, bes. 192f. und 208ff.

67. D. Rössler, Grundlagen und Aspekte des gegenwärtigen lutherischen Eheverständnisses, in: G. Gaßmann (Hg.), Ehe-Institution im Wandel. Zum evangelischen Eheverständnis heute, Hamburg 1979, 45.

68. A.a.O. 42.

69. Vgl. H.-M. Gutmann, Institution oder Kommunikation? Überlegungen zu einer theologischen Orientierung gegenüber dem Neokonservativismus, in: »Er stößt die Gewaltigen vom Thron ...«, Berlin 1987, 144ff.

70. H.G. Pöhlmann, Ehe und Sexualität im Strukturwandel unserer Zeit, in: O. Bayer (Hg.), Ehe. Zeit zur Antwort, Neukirchen 1988, 39f. (vorher: KuD 30, 1984, 176ff.).

71. O. Bayer, Zeit zur Antwort. Ehe als freie Lebensform, Elternschaft und Beruf, in: O. Bayer (Hg.), Ehe. Zeit zur Antwort, a.a.O. 17.

72. D. Rössler, a.a.O. 54.   73. A.a.O. 53.

74. A.a.O. 37.   75. A.a.O. 57.

76. H.G. Pöhlmann, a.a.O. 51.   77. A.a.O. 52.

78. Zur Diskussion des sakramentalen Eheverständnisses in der römisch-katholischen Kirche vgl. die umfassende Studie von U. Baumann, Die Ehe – ein Sakrament?, Zürich 1988.

79. E. Cardenal, Das Buch von der Liebe. Das poetische Werk 4, Wuppertal 1985, 37f.

Ist die Kirche mit der Ehe verheiratet?

1. Vorgetragen auf einer Tagung der Evangelischen Akademie Loccum am 16. Oktober 1987, abgedruckt in: Loccumer Protokolle 56/87, 1988, 31ff.; Radius 33, 1/1988, 31ff.; Die Zeichen der Zeit 43, 1989, 217ff.

2. Ehe und nichteheliche Lebensgemeinschaften. Positionen und Überlegungen aus der Evangelischen Kirche in Deutschland, EKD-Texte 12, Hannover 1985, 11.

3. Zitiert nach H. Kentler (Hg.), Die Menschlichkeit der Sexualität. Berichte – Analysen – Kommentare, München 1983, 78.

4. A.a.O. 11.   5. Vgl. unten, S. 72ff.

6. Vgl. mein Gutachten: Die wechselseitige Annäherung und das wechselseitige Verstehen unterstützen, in: H. Kentler, a.a.O. 107ff.

7. Zitiert nach H. Kentler, a.a.O. 71.

8. A. Niebergall, Ehe und Eheschließung in der Bibel und in der Geschichte der alten Kirche, Marburger Theologische Studien 18, Marburg 1985, 53.

9. A.a.O. 57.

10. M. Foucault, Die Sorge um sich. Sexualität und Wahrheit 3, Frankfurt 1986, 214.

11. Bei aller Kritik hat auch F. Engels, Der Ursprung der Familie, des Privateigentums und des Staats, MEW 21, Berlin 1981, die These vertreten: »Die

Einzelehe war ein großer geschichtlicher Fortschritt« (68) bzw. »der größte sittliche Fortschritt« (71).

12. A. Niebergall, a.a.O. 95.

13. Die Ehe des Pfarrers und der Pfarrerin. Überlegungen der Kirchenkonferenz der Evangelischen Kirche in Deutschland, in: EKD-Texte 12, Hannover 1985, 19.

14. H.G. Pöhlmann, Ehe und Sexualität im Strukturwandel unserer Zeit, KuD 30, 1984, 196.

15. Zum Prozeß einer »zunehmenden Christianisierung der Institution Ehe« vgl. G. Duby, Die Frau ohne Stimme. Liebe und Ehe im Mittelalter, Frankfurt 1993, 12, sowie ders., Ritter, Frau und Priester. Die Ehe im feudalen Frankreich, Frankfurt 1988; zur Ausbildung der kirchlichen Trauung vgl. M. Schröter, »Wo zwei zusammenkommen in rechter Ehe ...«. Sozio- und psychogenetische Studien über Eheschließungsvorgänge vom 12. bis 15. Jahrhundert, Frankfurt 1985.

16. Das auch von der Kirche jahrhundertelang geduldete Konkubinat wurde erst im Kampf gegen den Zölibat der Priester diskreditiert; vgl. G. Duby, Ritter, Frau und Priester, a.a.O. 136ff.

17. M. Luther, Von Ehesachen, Studienausgabe 4, Berlin 1986, 262ff. Zum theologischen und soziologischen Horizont von Luthers Ehe-Verständnis vgl. jetzt H.-M. Gutmann, Über Liebe und Herrschaft. Luthers Verständnis von Intimität und Autorität im Kontext des Zivilisationsprozesses, Göttinger theologische Arbeiten 47, Göttingen 1991.

18. Vgl. J. Evola, Metaphysik des Sexus, Frankfurt 1983.

Gottesdienst am Scheideweg

1. Vgl. M. Schröter, »Wo zwei zusammenkommen in rechter Ehe ...«. Sozio- und psychogenetische Studien über Eheschließungsvorgänge vom 12. bis 15. Jahrhundert, Frankfurt 1985.

2. Die historischen Informationen nach W. Mehlitz, Der jüdische Ritus in Brautstand und Ehe, Frankfurt 1992, 278ff.

3. S. Merian (Hg.), Scheidungspredigten, Darmstadt/Neuwied 1986.

Im offenen Haus eine offene Beziehung?

1. Zum Kirchenverständnis von Theologiestudent/innen vgl. G. Traupe, Studium der Theologie. Studienerfahrungen und Studienerwartungen, Stuttgart 1990, 200ff.

1a. Sie partizipieren damit am Code der Liebe als höchstpersönlicher Kommunikation; vgl. N. Luhmann, Liebe als Passion. Zur Codierung von Intimität, Frankfurt 1982, 24: »Unter höchstpersönlicher Kommunikation wollen wir eine Kommunikation verstehen, mit der der Sprecher sich von anderen Individuen zu unterscheiden sucht«. Eine solche Haltung macht die Binnenbeziehung schwierig, aber verbietet natürlich erst recht jede Anforderung von außen.

2. M.-O. Métral, Die Ehe. Analyse einer Institution, Frankfurt 1981, 42.

3. W. Elert, Morphologie des Luthertums II, München 1958, 84.

4. P.M. Zulehner, Pastoraltheologie 3. Übergänge, Düsseldorf 1990, 133f. In den Kategorien von G. Schulze, Die Erlebnisgesellschaft. Kultursoziologie der Gegenwart, Frankfurt 1992, 292ff., läßt sich der Transitus in die pastorale Berufswelt für die meisten Student/innen als Übergang bzw. Rückkehr aus dem Selbstverwirklichungs- in das Harmonie- oder Integrationsmilieu beschreiben.

5. Vgl. die Beiträge in: R. Riess (Hg.), Haus in der Zeit. Das evangelische Pfarrhaus heute, 2. Auflage, München 1992.

6. Vgl. M. Josuttis, Der Traum des Theologen. Aspekte einer zeitgenössischen Pastoraltheologie 2, München 1988, 59ff.

7. Welche Folgen eine Scheidung im Pfarrhaus für die Kinder haben kann, zeigt H. Eibach, Die Pfarrehe im Spannungsfeld zwischen Anspruch und Wirklichkeit aus der Sicht einer Paar- und Familientherapeutin, in: M. Josuttis/D. Stollberg (Hg.), Ehe-Bruch im Pfarrhaus. Zur Seelsorge in einer alltäglichen Lebenskrise, München 1990, 215ff.

8. Der Vergleich mit dem Trauritual der orthodoxen Kirche macht deutlich, daß diese umstrittene Formulierung indirekt die Freigabe für eine weitere Ehe nach dem Tod des Partners enthält; vgl. S. Heitz (Hg.), Mysterium der Anbetung III, Köln 1988, 181ff.

9. K. Barth, Die Kirchliche Dogmatik III/4, Zollikon 1951, 241.

10. A.a.O. 242.

11. Vgl. M. Luther, Das Taufbüchlin verdeutscht und aufs neu zugericht, BSELK, 3. Auflage, Göttingen 1956, 535ff.

12. E.-R. Kiesow, Nicht-eheliche Lebensgemeinschaft als pastoralethisches Problem, Die Zeichen der Zeit 43, Berlin 1989, 216f.

Ehescheidung und Berufstauglichkeit

1. Ohne Anmerkungen abgedruckt in: Evangelische Kommentare 25, 1992, 224ff.

2. Vgl. M.R. Textor, Scheidungszyklus und Scheidungsberatung. Ein Hand-

buch, Göttingen 1991, 154, der für die Nachscheidungsphase folgende Ziele angibt: »Beratungsziele sind vor allem der Abschluß des Trauerprozesses, das Erreichen der psychischen Trennung vom früheren Partner und die endgültige Etablierung eines neuen Lebensstils. Der Berater möchte die Individuation und Weiterentwicklung des Geschiedenen fördern: Dieser soll seine eigenen Bedürfnisse erkennen, Verantwortung für seine Gefühle und Probleme übernehmen, angemessene Lebensziele suchen, eine neue Ich-Identität entwickeln, sich für seine Selbstverwirklichung notwendige Fertigkeiten aneignen und zum Eingehen befriedigenderer Partnerbeziehungen befähigt werden.«

3. D. Stollberg, Zur Pastoralpsychologie des Seitensprungs, in: M. Josuttis/D. Stollberg (Hg.), Ehe-Bruch im Pfarrhaus. Zur Seelsorge in einer alltäglichen Lebenskrise, München 1990, 158f.

4. Vgl. I.A. Caruso, Die Trennung der Liebenden. Eine Phänomenologie des Todes, München 1974.

5. Vgl. die Entwürfe bei S. Merian (Hg.), Scheidungspredigten, Darmstadt/ Neuwied 1986.

6. Auch kirchliche Mitarbeiter/innen sind natürlich von den Entwicklungen im Zeitalter des Narzißmus betroffen; vgl. H. van der Geest, Die Ablösung der Schuldfrage durch das Problem des Selbstbewußtseins, ThPr 19, 1984, 315ff.

Die ungeliebte Liebe und die mißbrauchte Theologie

1. Vorgetragen beim Dies Academicus der Kirchlichen Hochschule Berlin am 3.6.1992.

2. Vgl. G. Bleibtreu-Ehrenberg, Homosexualität. Die Geschichte eines Vorurteils, Frankfurt 1981.

3. Vgl. die Materialsammlung bei H. Kentler (Hg.), Die Menschlichkeit der Sexualität. Berichte – Analysen – Kommentare, München 1983.

4. Lutherisches Kirchenamt der VELKD, Gedanken und Maßstäbe zum Dienst von Homophilen in der Kirche. Eine Orientierungshilfe, in: H. Kentler, a.a.O. 71.

5. Lutherisches Kirchenamt der VELKD, Vorläufige Stellungnahme des Theologischen Ausschusses der VELKD zum Problem der Homosexualität von Pfarrern, in: H. Kentler, a.a.O. 78.

6. Vgl. K.G. Steck, Lehre und Kirche bei Luther, FGLP 10/XXVII, München 1963.

7. W. Trillhaas, Sexualethik, Göttingen 1969, 76. In seiner »Ethik«, 3. Aufl., Berlin 1970, 333ff., hat Trillhaas diese Formulierung nicht übernommen.

8. Eine radikale Absage an diese Tradition vertritt R.A. Isay, Schwul sein. Die psychologische Entwicklung des Homosexuellen, München 1993. Zum Übergang von der kirchlichen zur medizinischen Verurteilung vgl. Ph. Ariès, Überlegungen zur Geschichte der Homosexualität, in: ders. u.a. (Hg.), Die Masken des Begehrens und die Metamorphosen der Sinnlichkeit. Zur Geschichte der Sexualität im Abendland, Frankfurt 1990, 80ff.

9. Vgl. den kurzen Überblick bei P. Schellenbaum, Homosexualität des Mannes. Eine tiefenpsychologische Studie, München 1980, 57ff.

10. Vgl. F. Crüsemann, Die Tora. Theologie und Sozialgeschichte des alttestamentlichen Gesetzes, München 1992, 304: »Wird durch diese Texte der gesamte Bereich sexuellen Verhaltens mit massiven todesrechtlichen Bestimmungen gesichert, so ist offenbar genau damit zugleich ein Weg beschritten worden, der im Judentum faktisch zur Nichtpraktizierung solch rigider Gesetze geführt hat. Bereits in biblischer Zeit ist von einer Praktizierung nichts überliefert. Außer den bekannten innerbiblischen Verhaltensregeln wie der Bestimmung, daß mindestens zwei Augenzeugen für ein Todesurteil vorhanden sein müssen, kommt im Judentum dazu, daß vorher eine Verwarnung erfolgt sein muß. Nur dann liegt eine wirklich bewußte Übertretung des Gesetzes vor. Solche Kombination aber ist kaum jemals zu erwarten. Wie in anderen Bereichen des Strafrechts gilt auch hier, daß die Rigidität der Gesetze nur isoliert vom Kontext der Gesamttora mit ihrer Praktizierung gleichgesetzt werden kann.«

11. S. Meurer, Das Problem der Homosexualität in theologischer Sicht, ZEE 18, 1974, 42. Zur Auslegung der Texte vgl. auch H.-G. Wiedemann, Homosexuelle Liebe. Für eine Neuorientierung in der christlichen Ethik, 2. Auflage, Stuttgart 1989, 84ff., sowie die Beiträge von W. Schlichting und W. Stegemann in: B. Kittelberger / W. Schürger / W. Heilig-Achneck (Hg.), Was auf dem Spiel steht. Diskussionsbeiträge zu Homosexualität und Kirche, München 1993, 254ff. und 262ff.

12. Vgl. H. Fischer, Gespaltener christlicher Glaube, Hamburg 1974.

13. Vgl. H. Hirschler, Homosexualität und Pfarrerberuf, Hannover 1985, 28.

14. Ebd.

15. I. Eibl-Eibesfeldt, Die Biologie des menschlichen Verhaltens. Grundriß der Humanethologie, München 1984, 297.

16. Vgl. R. Brain, Freunde und Liebende. Zwischenmenschliche Beziehungen im Kulturvergleich, Frankfurt 1978, 78ff.

17. H. Hirschler, a.a.O. 28.

18. V. Sommer, Wider die Natur? Homosexualität und Evolution, München 1990, 156f.

19. H. Thielicke, Theologische Ethik, Band 3, Tübingen 1964, 802.

20. Ebd.

21. A.a.O. 805.　　　　　　22. A.a.O. 803.
23. Th. Bovet, Ehekunde, Band II, Tübingen 1962, 139.
24. Ebd.
25. Zur Promiskuität unter Homosexuellen vgl. M. Dannecker, Der Homosexuelle und die Homosexualität, 2. Auflage, Frankfurt 1978, 79ff.
26. P. von der Osten-Sacken, Paulinisches Evangelium und Homosexualität, BthZ 3, 1986, 41.
27. Vgl. B. Bettelheim, Die symbolischen Wunden. Pubertätsriten und der Neid des Mannes, München 1975.
28. Ch. Wolff, Bisexualität, Frankfurt 1979, 116.
29. H. Hirschler, a.a.O. 19.
30. Über den Zusammenhang zwischen männlicher Furcht vor Homosexualität und Frauenfeindlichkeit vgl. B.W. Harrison, Die neue Ethik der Frauen. Kraftvolle Beziehungen statt bloßen Gehorsams, Stuttgart 1991, 103ff. Zu weiblicher Homosexualität in der Kirche vgl. M. Barz/H. Leistner/U. Wild, Hättest du gedacht, daß wir so viele sind? Lesbische Frauen in der Kirche, Stuttgart 1987.
31. Zu den religionsgeschichtlichen Phänomenen vgl. G. Bleibtreu-Ehrenberg, Der Weibmann. Kultischer Geschlechtswandel im Schamanismus, Frankfurt 1984.
32. Vgl. die hilfreichen Ausführungen bei H. van der Geest, Verschwiegene und abgelehnte Formen der Sexualität. Eine christliche Sicht, 2. Auflage, Zollikerberg 1992, 97ff.; zu beziehen über: Evangelische Verlagsauslieferungen, CH 8302 Kloten/Schweiz.
33. Vgl. die Stellungnahme der Landessynode der Evangelischen Kirche im Rheinland vom 10.1.1992:»Homosexuelle Liebe. Arbeitspapier für rheinische Gemeinden und Kirchenkreise«.

Aids in der Sicht der EKD

1. Referat für eine Tagung der Akademie für Sozialmedizin in der Medizinischen Hochschule Hannover am 21.9.1989.
2. Die Zitate nach J. Delumeau, Angst im Abendland. Die Geschichte kollektiver Ängste im Europa des 14.-18. Jahrhunderts, 2 Bände, Reinbek 1985, 191 und 341.
3. Einen informativen Überblick bietet G. Keil, Seuchenzüge des Mittelalters, in: B. Herrmann (Hg.), Mensch und Umwelt im Mittelalter, Frankfurt 1989, 109ff.
4. Zitiert nach J. Delumeau, a.a.O. 193.

5. Vgl. die kritischen Kommentare zu diesen und anderen kirchlichen Erklärungen bei A. Walter, Aids als Versuchung. Christliche Existenz und schwere Krankheit, München 1989, 70ff.

6. Die folgenden Zitate beziehen sich auf: Aids. Orientierungen und Wege in der Gefahr – eine kirchliche Stellungnahme, EKD-Texte 24, Hannover 1988.

7. Zur philosophischen Diskussion der Sinnfrage »nach dem Tod Gottes« vgl. jetzt A.G. Düttmann, Uneins mit Aids. Wie über einen Virus nachgedacht und geredet wird, Frankfurt 1993.

8. In einem Gespräch beschreibt M. Koch, der Leiter des Aids-Zentrums beim Bundesgesundheitsamt, das gegenwärtige Ausbreitungstempo folgendermaßen: »Wir gehen zur Zeit davon aus, daß jährlich etwa zwei- bis zweieinhalbtausend Neuinfektionen mit HIV in Deutschland hinzukommen. Das entspricht etwa sieben Fällen pro Tag. Davon entfallen ganz grob etwa vier bis fünf auf Homosexuelle, zwei bis drei auf Drogenabhängige und einer auf Heterosexuelle. Gewiß: Im Vergleich zu vielen anderen schweren Krankheiten ist das nicht viel. Dennoch ist jeder Einzelfall einer zuviel, denn er wäre vermeidbar gewesen« (DIE ZEIT Nr. 10, 5.3.1993, 38).

»Du kannst nicht treu sein!«

1. H.E. Troje, Gestohlene Liebe – Zum Problem der Rettung der Ehe, Stuttgart 1988, 32.

2. A.a.O. 32f.

3. Vgl. P. von Matt, Liebesverrat. Die Treulosen in der Literatur, München 1991.

4. Das Gedicht ist 1775 entstanden; zu Goethes innerer Situation in diesem Jahr vgl. K.R. Eissler, Goethe. Eine psychoanalytische Studie 1775-1786, Band 1, München 1987, 179ff. Goethes Flatterhaftigkeit in der Beziehung zu Frauen kommentiert G. Simmel, Goethe, 4. Auflage, Leipzig 1921, 204, folgendermaßen: »Er war den Frauen untreu, weil er sich selbst treu war. ... wir haben genug Beweise für die Leiden, unter denen Goethe auch seine freiwilligsten Trennungen von den Frauen, die er liebte, vollzog; seine Untreuen waren Selbstüberwindungen, das heißt der Gehorsam gegen das Gesetz seines sich immer höher entwickelnden, jede Vergangenheit überbauenden Lebens.« Wie Frauen um des eigenen Werkes willen von Heroen der Geistesgeschichte geopfert werden, beschreibt K. Theweleit, Das Buch der Könige, Band 1: Orpheus und Eurydike, Frankfurt 1986.

5. N. und G. O'Neill, Die offene Ehe. Konzept für einen neuen Typus der Monogamie, Reinbek 1975, 132ff.

6. A.a.O. 144.   7. A.a.O. 144f.
8. Vgl. dagegen die Beschreibung des Männertyps des selbstbewußten Hedonisten bei F. Früchtel, Modernisierung männlicher Sexualität, in: H. Karatepe/Chr. Stahl (Hg.), Männersexualität, Reinbek 1993, 79f.:»Sexualität wird weder verstanden als Feld, auf dem Eroberungen zu machen sind, noch als Sporthalle, in der Können bewiesen werden muß, sondern als Medium gemeinsamer Selbstverwirklichung. Sie funktioniert jedoch in diesem Sinne nur, wenn sich beide Partner selbstbezogen und kommunikativ verhalten können. Der Rückbezug an die Entfaltungsverantwortung für die eigene Person ist das Nadelöhr, durch das hindurch die Partnerin, die Sexualität und die Beziehung gesehen und gestaltet werden. Dieses Verständnis, das die Selbstverantwortung für den eigenen Genuß betont, legt doch eine ganz andere Auffassung der sexuellen Rollen von Mann und Frau zugrunde. Sie sind nicht mehr asymmetrisch und aufeinander bezogen, sondern eher egalitär und aneinander interessiert.«
9. Sehr umsichtig diskutiert das Problem H.M. Barth, Wie ein Segel sich entfalten. Selbstverwirklichung und christliche Existenz, München 1979.
10. A. Gruen, Der Verrat am Selbst. Die Angst vor Autonomie bei Mann und Frau, München 1986, 38.
11. A.a.O. 39.   12. Ebd.
13. Noch 1963 läßt F. Truffaut in »Die süße Haut« die Ehefrau den fremdgehenden Literaturwissenschaftler kaltblütig erschießen.
14. P.H. Gebhard, Die weibliche Sexualität, in: P.H. Gebhardt/J. Raboch/H. Giese, Die Sexualität der Frau, Reinbek 1968, 34.
15. Zitiert nach M. Scarf, Autonomie und Nähe. Grundkonflikte in der Partnerschaft, München 1988, 174.
16. A.a.O. 174f.   17. A.a.O. 176.
18. A.a.O. 194f.
19. M. Foucault, Die Sorge um sich. Sexualität und Wahrheit 3, Frankfurt 1986, 195.
20. Dabei wird auch die Singularität des Sozialmodells Ehe entdeckt; vgl. M. Foucault, a.a.O. 208ff.
21. A.a.O. 214.   22. A.a.O. 239.
23. A.a.O. 221f.   24. A.a.O. 230.
25. Zum Wechselverhältnis zwischen Dyade und Triade in jedem Lebenslauf vgl. D. Stollberg, Von der Zwei zur Drei. Die Psychodynamik von Paarbeziehung und Dreieck als Herausforderung, Antwort und Hoffnung, in: P.M. Pflüger (Hg.), Das Paar – Mythos und Wirklichkeit. Neue Werte in Liebe und Sexualität, Olten/Freiburg 1986, 80ff.
26. Daß auch Treulosigkeit sich auf Gottes Willen zu berufen weiß, zeigt W. Müllers Gedicht »Gute Nacht«, bekannt durch Schuberts Vertonung in der

»Winterreise«: »Die Liebe liebt das Wandern -/ Gott hat sie so gemacht -/ Von Einem zu dem Andern -/ Fein Liebchen, gute Nacht!«

27. O. Weber, Die Treue Gottes und die Kontinuität der menschlichen Existenz. Gesammelte Aufsätze I, Neukirchen 1967, 104.

28. In der Trau-Agende wird 1. Mose 2,24 zitiert. Daß ein Mann um einer Frau willen Vater und Mutter verläßt, ist freilich für eine patriarchale Gesellschaft ein revolutionärer Satz; vgl. C. Westermann, Schöpfung, Stuttgart 1971, 126: »Damit wird nicht etwa die Institution der Ehe erklärt; das Wort weist vielmehr auf die elementare Kraft der Liebe von Mann und Frau, die auch im Gegensatz zu den bestehenden Institutionen sich durchsetzen kann. Es ist eher ein revolutionäres Wort, das der von der Gesellschaft, den Konventionen, dem Elternhaus eingeplanten Ehe das elementare Verlangen und Zueinanderfinden der Liebenden entgegenstellt.« Modern ausgedrückt: Liebe, die Trennung einschließt, ist gegen künftige Trennungen nicht gefeit.

29. F. Crüsemann, Bewahrung der Freiheit. Das Thema des Dekalogs in sozialgeschichtlicher Perspektive, München 1983, 69.

30. A.a.O. 70.

31. R. Girard, Das Heilige und die Gewalt, Zürich 1987, 319.

32. S. Stein, Lust. Elle Sex-Studie, Elle 4/1993, 143; dort auch die folgenden Zitate. In der Tendenz ähnliche Ergebnisse hat H. Pross, Die Männer. Eine repräsentative Untersuchung über die Selbstbilder von Männern und ihre Bilder von der Frau, Reinbek 1984, 116, schon 1975 auch für die Männer ermittelt: »Die frühere Doppelmoral, die Männern den ›Seitensprung‹ zubilligte, ohne ihn auch bei Frauen zu tolerieren, hat kaum noch Befürworter. Die große Mehrheit hält es nicht für zulässig, daß eine verheiratete Frau mit anderen Männern Geschlechtsverkehr hat ..., aber die große Mehrheit lehnt auch den Geschlechtsverkehr eines verheirateten Mannes mit anderen Frauen ab.« In die Gegenrichtung zielt D. Heyn, Die heimliche Lust. Der Mythos von der weiblichen Treue, München 1993.

33. M. Gambaroff, Utopie der Treue, Reinbek 1990, 45.

34. A.a.O. 57f.

35. Vgl. K. Rahner, Glaubensvollzug und Glaubenshilfe heute, Handbuch der Pastoraltheologie III, Freiburg 1968, 518ff.

36. P.M. Zulehner, Gemeindepastoral. Orte christlicher Praxis, Pastoraltheologie 2, Düsseldorf 1989, 165.

37. P.M. Zulehner, Übergänge. Pastoral zu den Lebenswenden, Pastoraltheologie 3, Düsseldorf 1990, 169. 38. Ebd.

39. A.a.O. 170. 40. Ebd.

41. H. Conzelmann, Der erste Brief an die Korinther, Göttingen 1969, 146.